Reader Takes All.

移動在瘟疫蔓延時

Move in the Time of Cholera

移動在瘟疫蔓延時

文／郝明義

2003年4月下旬，我去了一趟西班牙，先由台北到法蘭克福，再轉機到馬德里。

台北到法蘭克福這一段，機場、機上杯弓蛇影，口罩、手套隨處可見。法蘭克福到馬德里那一段，少了對傳染病的恐懼，卻多了因應恐怖份子的重重關卡。機場除了正常的安檢外，西班牙的櫃台因為支持美國對伊拉克軍事行動，又多了額外的戒備、搜身。草木皆兵。

歸納一下，真是SARS in East, WARS in West.

◎

我想起1990年去歐洲的時候。

那時柏林圍林圍牆剛倒。一路上到處是歡欣的氣氛，好一個昇平時代。

的確。人類幾百萬年歷史下來，大約一百多年前終於發明出各種劃時代的陸上、水上、空中交通工具。才剛要享受一些移動的快感，不旋踵就為幾場重大的戰爭加上幾種重大的政治意態所阻隔，難以盡情馳騁。德國統一象徵的冷戰結束之後，所有的移動才真正進入期盼已久的全球化。

1990年還不只這件事情。那年，提姆柏納李還寫出HTML語言，創造了http程式碼，以及World Wide Web的瀏覽器軟體，把事實上已經存在了三十年的網路與電郵，普及到全世界每個角落。人類的移動，不只在真實世界裡無拘無束，甚至進入到虛擬的空間。

1990年代，不真是人類移動得最自在又快活的一個階段嗎？

◎

這和過去真有不同。

以前，出門、出差、旅行、遷徙、漫遊、流浪、朝聖、移民這些種種不同的移動方式，名稱不同，定義不同，性質也不同。但1990年代之後，這些移動方式的界限卻開始改變與泯沒；移動的起點與目的地，故鄉與他鄉，家與居處，也都跟著開始產生本質上的混合。

我們在這些界限的泯沒與混合中享受著方便，偶爾對感受到的不適吐露一些抱怨——其中還可能夾雜著某種難以言說的飄飄然。

◎

但我們終歸是要回到現實的。

2003年4月，SARS 和WARS的雙胞胎，只是現實送來的兩個使者——帶著要我們重新思考移動本質的訊息。

◎

「世上有過鼠疫的次數和發生戰爭的次數不相上下，而在鼠疫和戰爭面前，人們總是同樣的不知所措。」卡謬在《鼠疫》裡這麼說過。但他沒有說到的，是不論鼠疫還是戰爭，都是和人類的移動相結合的。

因此，我們要想沒有戰爭，或者，沒有傳染病，就必須重新思考移動——移動的本質、方式，及目的。

◎

如果檢視一下中國文化的傳統，還會發現我們可能還要多思考一點。

近代從火車、汽車、輪船、飛機、太空船等等移動工具的發展來看，都是西方文藝復興以降，以笛卡兒與牛頓為代表的理性與機械宇宙觀的產品。不談這些產品搭配上殖民主義與帝國主義之後，所產生霸道的擴張主義，即使和西方文化的其他層面結合，也可以感受到其中近乎無限的延伸。波特萊爾有句話堪為代表：「我覺得，自己總要移動到另一個地方才會更好──我和自己的靈魂，不斷地為這個有關移動的問題而對話。」（從以下的英譯而來：It seems to me that I would always be better off where I am not, and this question of moving is one of those I discuss incessantly with my soul.）

◎

　　而中國文化裡一直有種不同的思路──起碼到近代之前是如此的。

　　《易經》的思想裡，宇宙萬事萬物莫不時時刻刻而在變易，因此只有相對而沒有絕對的動靜。佛教東來之後，「雖動常寂，故曰無為。雖寂常動，故無不為也」（元康《肇論疏》），仍然是同一個概念。就算不拘一格的莊子，一方面說「終身役役而不見其成功，苶然疲役而不知其所歸，可不哀也」，是對不停的移動的反思，但是他也說「故足之於地也踐，雖踐，恃其所不蹍而後善博也」，還是肯定人總要一步步跨出去。

　　中國文化裡，對動靜──移動與停止，是有一套自己的思路的。只是這套思路在近代，由於主客觀的形勢，讓步於西方擴張型直線前進的移動思路。

◎

　　在移動於瘟疫蔓延時，這些都是要重新思考的課題。　　■

Net and Books 網路與書 6

移動在瘟疫蔓延時

經營顧問：Peter Weidhaas　陳原　沈昌文
　　　　　陳萬雄　朱邦復　高信疆
發行人：郝明義
策劃指導：楊渡
主編：黃秀如
本輯責任編輯：藍嘉俊
編輯：傅凌・楊心禾
網站編輯：莊琬華
北京地區策劃：于奇・徐淑卿
美術指導：張士勇
美術編輯：倪孟慧・張碧倫
攝影指導：何經泰
業務代表：林良騏
行政兼讀者服務：塗思真
法律顧問：全理法律事務所董安丹律師

出版者：英屬蓋曼群島商網路與書股份有限公司台灣分公司
臺北市南京東路四段25號10樓之1
TEL：(02)2546-7799
FAX：(02)2545-2951
email：help@netandbooks.com
網址：http://www.netandbooks.com
郵撥帳號：19542850
戶名：英屬蓋曼群島商網路與書股份有限公司台灣分公司

總經銷 大和圖書有限公司
地址：台北縣三重市大智路139號
TEL：886-2-2981-8089
FAX：886-2-2988-3028
製版：凱立國際印刷(股)公司
印刷：詠豐印刷(股)公司
初版一刷：2003年5月
定價：台灣地區280元

Net and Books No.6
Move in the Time of Cholera
Copyright @2003 by Net and Books
Advisors: Peter Weidhass　Chen Yuan　Shen
　　　　　Chang Wen　Chang Man Hung
　　　　　Chu Bang Fu　Gao Xin Jiang
Publisher: Rex How
Editorial Director: Yang Tu
Chief Editor: Huang Shiou-ru
Executive Editor: Chia-Chun Lang
Editors: ・Fu Ling・Wilfred Yeung
Website Editor: Lucienna Chuang
Managing Editor in Beijing: Yu Qi・Hsu Shu-Ching
Art Director: Zhang Shi Yung
Photography Director: He Jing Tai
Sales: Alex Lin
Administration: Jane TU
Net and Books Co. Ltd. Taiwan Branch（Cayman Islands）
10F-1, 25, Section 4, Nanking East Road, Taipei, Taiwan
TEL：+886-2-2546-7799
FAX：+886-2-2545-2951
Email：help@netandbooks.com　　http://www.netandbooks.com

本書之出版，感謝永豐餘、CP1897網上書店、英資達參予贊助。

CONTENTS
目錄

p.10

From Rex

4 移動在瘟疫蔓延時
郝明義

Part I 移動的感覺
10 移動的感覺
傅凌

18 我移動,所以我死亡
楊心禾

Part II 移動的歷史與文化

22 Map of Move
編輯部
30 流動─根著的辯證
王志弘

37 台灣十年來的各種移動變化
編輯部

38 多動的中國
薛綏

40 三城記:
台北機車、北京自行車、香港地鐵
藍嘉俊、徐淑卿、楊心禾

Part III 移動與時間及空間

46 如何重拾對於距離的敬意
褚士瑩

52 快與慢─關於追求速度的反省
楊子葆

56 方便麵城市
阮慶岳

58 家
畢恆達

p.30

p.62

移動與傳染病與

SARS

1910-1911年間東北爆發鼠疫病時，一所醫院裡，三名從頭到腳包得密不透風的人，正在醫一名醫院助手在為驗屍檯消毒。

文／郝明義

我們對這場傳染病的最新了解
起自於……當香港遭襲，
從而接受細密的觀察。……
香港的傳染源在廣東是幾乎不必懷疑的，
廣東早在幾個月前
就爆發過猛烈的疫情……
而廣東又是被最早據信是起自於
雲南的一波傳染高峰所波及。……
（感染案例的）報告很少……
中國人對疫情採取隱瞞政策……
隱瞞感染案例比隱瞞死亡案例來得容易很多。……接下
來……台灣也遭到傳染，
疫情十分嚴重……

以上這段文字，並不是2003年有關SARS疫情的什麼新聞報導或分析，而是1911年版《大英百科全書》，就1894年爆發於香港，起自於中國大陸的一波鼠疫的紀錄。和大英百科全書的說法相呼應，中國人自己也有紀錄：「光緒二十年（公元1894年），鼠疫曾發現於香港，後即釀成疫癘。流行於世界。」（《中國醫學史》·陳邦賢）

◎

1894年這場瘟疫並不是獨立的，如《大英百科全書》所言，是更早「起自於雲南的一波傳染高峰所波及」，時間大約在清朝咸豐之末、同治之初。那段時間正是清朝忙於平定太平天國而疲於奔命之際，戰亂死人無算，民間瘟疫之事，難以成為重點，因此正史裡所言不多。《清史稿》的〈本紀〉裡，固然看不到什麼紀錄，在〈災異志〉之下，咸豐年間前後十一年，也只能看到以下的文字：「五年（公元1855年）六月，清水大疫。六年五月，咸寧大疫。十一年春，即墨大疫。六月，黃縣大疫。」接下來同治年間，也只記到「十一年（公元1872年）夏，新城大疫，武昌縣大疫。」整個清朝的瘟疫紀錄就到此為止，之後就付諸闕如。何況，各年之下光靠「疫」、「大疫」的文

字記載，實在看不出端倪。不過，清末俞樾的《曲園筆記》，則有一段敘述，把起自於雲南的這場瘟疫的情況說得很清楚：

「同治之初，滇中大亂，賊所到之處，殺人如麻，白骨飛野；通都大邑，悉成坵墟。亂定之後，孑遺之民，稍稍復集，掃除骴骼；經營苦蓋。時則又有大疫，疫之將作，其家之鼠，無故自斃，……人不及見，久而腐爛，人聞其臭，鮮不疾者，病皆驟然而起，……或逾日死，或即日死，諸醫束手，不能處方；……其得活者，千百中一二而已。疫起鄉間，延及城市，一家有病者，則其左右十數家即遷移避之，踣於道者無算，然卒不能免也。甚至闔門同盡，比戶皆空，小村聚中，絕無人跡……」

後來，美國歷史學家麥克尼爾（William H. McNeill）則在《瘟疫與人》（Plagues and Peoples）一書裡續言：「1855年（咸豐五年），雲南發生軍事叛變。於是中國軍隊越過薩爾溫江，去平息叛變，由於不明白鼠疫的風險，途中染上這種病，並把它帶回江河對岸，進入中國境內其他地區。……直到1894年，這種病傳到廣州和香港，引起當地歐洲居民的恐慌。」

◎

鼠疫（plague），也就是黑死病，在人類歷

史上有過三波跨洲際的傳染高峰：第一波在公元第六世紀，查士丁尼瘟疫（Plague of Justinian 542 - 543），嚴重時候，君士坦丁堡地區每天就要死一萬人；第二波在公元第十四世紀，1346年，蒙古軍隊圍攻克里米亞地區的卡法，爆發了一場疫病，然後傳進了歐洲。在接下來的六年時間裡，歐洲死了二千四百萬人，大約四分之一的人口。然後第三波高峰，就是上述那一段文字所描繪的，始自於十九世紀後期的中國，持續到二十世紀初。

進入二十世紀，鼠疫這種傳染病，在1910到11年間，又在中國爆發了一遍。只不過這次的爆發點在東北。

「這種病……滿州里一帶的俄國人恐是最先染到的。有一部份以捕土撥鼠為之山東移民，患得更多。他們將鼠捕來，剝取其皮，染以顏色，冒充黑貂，售與西方婦女。……一俟有了二三十條鼠皮，即往客棧居住，靜候顧主之光

(1879 - 1960)

出生于馬來亞檳榔嶼，父親是來自廣東的移民。十七歲的時候，留學英國劍橋大學意曼紐學院，其後歷經英國、德國及法國幾所重要醫院、研究所實習、研究。1903年，伍連德學成返回原馬來亞，先在吉隆玻從事熱帶病研究，後來在檳榔嶼開設私人診所。1907年，應清政府袁世凱之邀，回中國擔任天津陸軍軍醫學堂副監督（副校長職）。

1910年12月　東北爆發鼠疫，清政府任命伍連德為東三省防鼠疫全權總醫官，到哈爾濱進行調查、防治。次年4月，出席在奉天（今天瀋陽）召開的萬國鼠疫研究會議，任會議主席。

民國初創之後，歷任北洋政府防疫、公共衛生及醫學研究之重要職位，並在1922年受奉天督軍張作霖委託，在瀋陽創建東北陸軍醫院，再於1926年創辦哈爾濱醫學專門學校（哈爾濱醫科大學前身）。

伍連德除曾獲日本東京帝國大學名譽醫學博士學位，並擔任蘇聯科學院名譽院士及蘇聯微生物學會外國會員之外，1927年還受聘為國際聯盟衛生處中國委員，並被授予鼠疫專家稱號。

1930年，伍連德到上海擔任全國海港檢疫管理處處長、技監，兼任上海海港檢疫所所長，次年並代表南京國民政府出席國際聯盟衛生會議。1937年，日軍侵入上海，伍連德舉家重返馬來亞，定居怡保市，開設私人診所。1960年，病逝於老家檳榔嶼。

伍連德的醫學論文甚多，並有一本以英文寫作的自傳：Plague fightor:the autobiography of amodern Chinese physician. 這本自傳有節譯的中文版本，南洋公會出版。

臨。如果一人患有疫疾，即可傳染整個客棧，再延至他處。」（《伍連德自傳》）而後來居民開始向東南方逃避，沿著滿州的鐵路紛紛在各站下車，因此把疫病散播開來。結果，這次因鼠疫而死亡的人，有六萬餘多人。

◎

歷史上，慘烈的傳染病，有時會產生些意想不到的影響。正如1850年代另一場傳染病霍亂之肆虐，引發以倫敦為首的西方世界開始現代的都市衛生系統建設，這兩場發生於中國的鼠疫，也有一定的正面作用。西方因鼠疫而受害千年以上的時間，一直苦無解答。1894年鼠疫在香港一開始為人注意，「國際研究小組紛紛前往事發地點，並且在他們抵達香港數週內，一名日本細菌學家和一名法國細菌學家，分別獨自發現鼠疫桿菌。接下來的十年，一系列國際任務小組的研究，……終於確定了鼠疫桿菌如何藉由跳蚤由嚙齒動物傳給人類的大部份細節。」最後，「現代醫學達成了新的行事規則，並且動用全球性的政治架構──國際檢疫規則，來迫使大家順從新規定。」(《瘟疫與人》·麥克尼爾)

麥克尼爾提到的那個日本人是北里柴三郎，法國人則是耶爾贊（Alexandre Yersin），後

來鼠疫桿菌（Yersinia pestis）就是以耶爾贊為名。不過麥克尼爾沒有提到一個中國人物，伍連德。當1910 - 1911年那場鼠疫在滿州爆發時，留學歐洲，剛回中國不久的南洋華僑伍連德擔負起抗疫重任。他不但執法如山地隔離病人，凡是傳染地區的火車一律不許通行，並且在中國首開風氣，將感染者的屍首予以火葬，杜絕細菌的可能擴散，結果不到四個月工夫就把這場瘟疫消弭於無形。更重要的是，伍連德在這次防疫中提出了注意飛沫傳染的重要。（1894年的香港案例研究，只確認了鼠疫藉由跳蚤傳染的途徑。）也因為伍連德的成績，清朝政府在1911年4月在奉天舉行了一次國際性的防疫會議，共有十二個國家的專家參加，包括日本的北里柴三郎在內。這次會議達成幾件大事：確定呼吸傳染的可能；強調口罩以及護目鏡的重要。而鼠疫後來會有「腺鼠疫」（bubonic plague, 由跳蚤傳染而導致淋巴腺的問題）和「肺鼠疫」（pneumonic plague, 由飛沫傳染而導致肺的問題）之分，應該也是從此而有開端。

◎

在2003年的5月，SARS 令人聞風色變的時候，要把這篇文章從1894年由廣東而傳染進香港，進而再散播到台灣和世界各地的鼠疫開始

寫起，是整理兩點想法。

首先，人類對細菌和病毒這些傳染病的認識與知識，是非常晚近的事情，不要說歐洲人受害一千五百年以上的鼠疫，僅僅是一百二十年前才搞清楚其原因，即使是其他的傳染病，主要也都是在這接下來的一百多年的時間裡找到根由，以及對治之方的。口罩的重要固然是1911年那場國際會議上才提出來的，洗手的重要，不也是1850年代之後才被醫學界所發現的嗎？

就整個人類的角度來看固然如此，中國文化的世界，就更有些特別的狀況。這個狀況就是，即使在今天，已經進入二十一世紀，其實我們不只對傳染病的認識與知識不足，還從根本上欠缺面對傳染病的文化。這種欠缺，又有兩個原因，一個是歷史上的長期原因，一個是近代時空背景下的原因。

◎

就像清史裡的記錄只有「疫」、「大疫」之分，「疫」在中文裡的意思是「疫，民皆疾也」（《說文解字》）。近代的白話文加上我們對西方醫學的認識，雖然有了「傳染病」一詞，但是和英文裡面隨著傳染廣泛程度不同而有sporadic, epidemic, pandemic, endemic之分相比（參見附表），「傳染病」的說法仍然只是個相對模糊的概念。

更別說對於「隔離」的認知了。以我們這陣子耳熟能詳的自己在家裡的「隔離」，和在醫院裡的「隔離」，中文一律以「隔離」籠統地表達，但是西方社會裡，光以英語世界而言，不但有quarantine（對於有可能受到感染而採取的措施）和isolation之分（對於受到感染而做的措施），並且其定義和方法，也和我們往往自己就「隔離」字面所有的認識，可能有所不同。西方在長期遭受鼠疫肆虐的傳統下，quarantine最早實行於十四世紀的地中海港口，來自疫區的船舶一律要先在港外隔離四十天。quarantine來自拉丁文quaresma，「四十」的意思；至於為什麼是四十天，則出自於基督信仰的傳統，《聖經》

英文術語裡各個傳染字的意義區分

1. 如果感染的人散佈在許多互相遠離的地區，或者偶發，並不連續，是sporadic.
2. 如果在某個地區，或一群體裡面形成普遍（但不見得穩定）的感染，是endemic.
3. 如果某種疾病在一個地區大規模發生，超出該區人口正常比例以上，是epidemic.
4. 當某種epidemic超過某個廣大的區域（通常以一個洲為單位），並且成為一個遠為擴散的問題時，那就是pandemic.

裡，耶穌在曠野裡齋戒就是四十天。不但 quarantine這種隔離的概念，和西方文化有著密切的結合；對於isolation這種隔離，西方文化也有其一定的傳統。中世紀歐洲因鼠疫而產生的死亡太過慘重，爲了防止蔓延，對家裡有人遭到感染的房子採取隔離的時候，是要把這家人全部關在房子裡（包括受到感染和沒受到感染的），門窗釘緊，然後一把火把房子燒掉。西方對「隔離」的本質的認知，以及執行的傳統，已經有長達七百年的歷史和文化，相對於二十世紀初伍連德在東北要燒掉疫屍唯恐激起民憤，還得驚動皇帝以聖旨相挺，或是二十一世紀初台灣以及其他中文地區的還有許多人視「隔離」爲兒戲，其間差異不可以道里計。

◎

除了這些歷史和文化的原因之外，我們近代當然還有一個特別的時空背景。

不論發生的是「疫」還是「大疫」，不論死的是六萬人還是多少萬人，不論1911年之後又發生了多少次「鼠疫」還是其他疫，傳染病的問題始終不是近代中國的首要焦點。政治與戰爭才是。從二十世紀初的帝國與民國的交替，到民國初年的軍閥內戰，接下來的對日抗戰，國共內戰，一路下來，不過是影響匹夫匹婦生

死的疫情問題，始終無法和關係民族存亡的大局相提並論。1950年代之後，海峽兩岸各有各的發展，各有各重要的課題，於是到了2003年，突然一場新的傳染病又從廣東進入香港、台灣，再把疫情擴散到全世界，和百年前的歷史對照起來，固然有其相似之處，但也有絕不相同之點。

這個絕不相同之點就是，在近代歷史上，中國大陸和台灣第一次共同在一個承平的時期裡；第一次共同參予一個開放的全球社會之中；第一次在彼此都沒有更優先課題，必須以平民百姓的生死當作社會首要課題來處理的時空背景下，面對一種人類所沒有面對過的新型態的傳染病。

這是首次的事情。

◎ 於是，我們應該知道，面對SARS，我們所需要的準備，和西方有一點不同。這一點與其說是在我們缺乏某些科學與醫學的準備或發展，不如說是我們欠缺傳染病歷史與文化的經歷與認知。

所以，我們的政府看不到應變的機制與作業程序，我們的社會出現各種荒誕的行動，我們的鄰人有一些不合理的反應，都是難以避免

的事。我們要正視自己對歷史與文化的這些匱乏，才會發現其實正處於一個補課的過程。因為是在補課的過程，所以我們不該樂觀地以為這是一個可以馬上清醒過來的惡夢，或是一場不久就可事過境遷的風暴。既然是補課，就還有很長的路要走。但也正因為是補課，所以不必悲觀。只要謙虛地學習，就可以學到別人的教訓與經驗，總有充實起來的一天。

只是，急不來。

後記：

就海峽兩岸而言，台灣相對於大陸還有一點特別之處。大陸近三十年來，經歷過一場文化大革命。一如蘇珊‧宋塔在《疾病的隱喻》中所言，政治和疾病可做比擬，歷時十年的文化大革命，正是一場傳染病。在那場傳染病中，起初有人以為罹病者可能只是不幸的其他一些人，自己可以置身事外，但最終每個人都發現，人人都有被傳上的一天。大陸在面對傳染病的時候，比台灣至少多了一次經驗。

一場由文化認知不足而起的傳染病

如我們在伍連德書中所見，1911年爆發於東北的那場鼠疫，起自於山東移民到東北之後，大量捕殺土撥鼠而起，而照麥克尼爾在《瘟疫與人》一書所說，這又和滿清的覆亡與民國的建立有關。

麥克尼爾的說法是：「草原地區的遊牧民族早有一套神秘的詮釋，能證實他們對付土撥鼠傳染鼠疫的作法，符合流行病學的原理。」這套原理就是他們不用陷阱捕捉，只用射殺的。因此，「遇到行動遲緩的動物，切不可沾惹，而且，如果整窩土撥鼠看起來都是病懨懨的，……人類社群必須立刻收起帳蓬，轉到他處去躲避靈運。這類習俗可能將人類傳染鼠疫的可能性降到極低。」

「但是在一九一一年，由於滿清終於垮台，禁止中國人移居東北的長期禁令也隨之瓦解。結果，成群缺乏經驗的中國移民就相追逐土撥鼠的毛皮。在完全不了解當地風俗的情況下，這些中國人利用陷阱不分青紅皂白地捕捉生病的或健康的動物——造成的後果是，鼠疫在獵戶之間傳開來，並由頃刻間成為鼠疫焦點的哈爾濱市，迅速沿著新築起的滿州鐵路向外傳播。」

麥克尼爾說「一九一一年，由於滿清終於垮台，禁止中國人移居東北的長期禁令也隨之瓦解」，因而導致這場鼠疫，是有語病的。因為雖然之前滿清的確有禁令，因此有「闖關東」之說，而「闖」字的本身就說明那是犯禁的行為，但事實上，早在民國建立很久之前，從咸豐十年（1860）後，關內的人前往關東謀生就是合法的了。然而，他說因為移民的漢人不明滿州人對待土撥鼠的文化，而導致這場瘟疫，還是可以參考的。

人類一移動，瘟疫就發笑
——移動帶來的疾病

文／傅凌

Corbis

早期的代表。等村落再擴展成更大的城鎮之後，這些疾病的內容也就更多樣了。

圖為公元前大約860年描繪亞述人生活的壁雕。

2.城市

移動成人口更密集的城市之後，問題就更多，看西方的歷史，中世紀是個代表性的例子。當時西羅馬帝國已經滅亡，各地的亂象中，城市成了農奴的避難所，也吸引一般鄉下人去交易，居住，人口大量從鄉村移動到城市。但城市的公共衛生很差，各種疾病的傳染，使得城市人口的死亡率很高，必須不斷地從鄉村補充人口。事實上，城市裡死亡率這麼高的情形，要一直到十九世紀後半，以倫敦為首開始大幅改善都市衛生系統之後，才大幅改善。

1.村落

人類開始農作，移動成村落，村落中要有水，要有囤積的食物，這些都可能物腐而蟲生。村落中人與人的接觸密集，這就產生了疾病的傳染途徑。總之，村落這種比較大型又密集的人群出現後，群聚疾病（Crowd Disease）也就隨之出現，痢疾、（耕種站在水裡而容易得的）血吸蟲病、瘧疾，都是些

3.戰爭

Corbis

有了群聚，不論是村落還是城市，群聚與群聚之間就不免要發生戰爭。

戰爭，是交通不便時期最有意志、最快速，也可能最有效的移動。戰爭本身產生死亡、傷口、腐爛等疾病的溫床，不論勝利還是敗退，更提供了種種疾病移動的途徑。戰爭的移動，總會造成瘟疫最有規模的移動，自古皆然。

歷史上由於戰爭引發的傳染病太多，其中最令人難忘的，應該是十四世紀，由於蒙古大軍圍攻克里米亞地區的卡法，而傳進歐洲的鼠疫，也就是黑死病。

1346年，把卡法包圍的蒙古大軍因為軍中爆發疫情，而被迫撤軍，但是疫病也傳進了卡法，然後搭船越過地中海，傳進了歐洲。在接下來的六年時間裡，歐洲死了四分之一的人口，兩千五百萬人。

照麥克尼爾在《瘟疫與人》裡的說法，蒙古大軍帶來的鼠疫，最早的起源可能是在印度，是靠著蒙古騎兵和版圖，才長距離移動。麥克尼爾認為：中國人口之所以從宋末（1200年）的一億二千三百萬，劇減到明朝洪武二十五年（1393年）的六千五百萬，除了戰亂之外，很可能也和這段時間蒙古人所建的元朝不斷的疫病有關。

近代因為戰爭而爆發的傳染病，最有名的則是一次大戰由美軍而起的流行性感冒。1918年，第一次世界大戰的尾聲，美軍登上歐陸，給歐洲帶來一股極其凶惡的流行感冒。這波流感病毒不但在歐洲的戰

場上蔓延，也隨著船運傳染到全世界各地的港口，再進入各國內地。總計這次流感病毒在全世界共死了兩千五百萬人。（美國五十五萬人，印度最慘，一千兩百五十萬人。）

有意思的是，由美國而發生的這波流感傳染病，正式名稱是「西班牙流感」（Spanish influenza）。圖為蒙古人在中亞的一場戰役，畫成於1310年。

4.貿易

除了戰爭的軍隊之外，追求貿易的商旅，是移動中傳染疾病的另一個古老的代表。歐亞大陸雖然很早就形成幾個主要的人口中心，但是由於交通隔絕，這些人口中心並沒有形成經常的商旅來往。但也因此，彼此就少了經常的傳染途徑。

公元前139年，漢武帝為斷匈奴右臂，派張騫出使西域，開拓了絲路。打開這條路，漢朝付出的代價很大，「及賂遺贈送，萬里相奉，師旅之費不可勝計」，早期的絲路只是政治作用為主，不過逐漸商旅不絕，隨著大規模的商旅來往於中國和今天中東地區之間的這條通路，傳染病是和各種奇珍異寶一起，流竄在這條長途移動的途徑上。

像前面所說黑死病從卡法傳進歐洲，也是因為卡法是熱那亞和威尼斯商人的貿易據點，義大利商人為了避禍回國，把鼠疫也帶進歐洲。

5.殖民

1492，哥倫布發現了「新大陸」，為人類的移動創了輝煌的紀錄，也為疾病的傳染寫下新的一頁。

不論是哥倫布還是繼他而去的科爾特斯和皮卡羅，都給美洲的印地安人帶去了致命的禮物——歐洲人已經產生免疫力，而印地安人前所未有的各種病毒。

先是天花，再痲疹，再斑疹傷寒，再流行性感冒，再加上由非洲傳來的瘧疾和黃熱病，大約一百五十年間，美洲印地安人數和前哥倫布時代相比，死亡近兩千萬，僅剩二十到二十五分之一。

6.新式的交通工具：輪船

工業革命，人類有了蒸氣機，有了火車，有了輪船，移動的可能無遠弗屆，因而整個十九世紀也就有了第一次真正全球化的傳染病：霍亂。

十九世紀的霍亂分幾波爆發，第一波在1817年印度爆發，其後由英國軍隊帶入中東再進入非洲，同時也散播到遠東。1826年的另一波霍亂，則不但襲擊了英國、愛爾蘭，還由愛爾蘭移民把病帶到加拿大，從加拿大再往南進入美國、墨西哥。接下來霍亂光是在英國就又爆發了幾次，造成重大死亡。

總之，配合著工業革命後的新式交通工具，霍亂在整個十九世紀分了幾個不同的梯次先後爆發、蔓延全世界——其中，輪船隊應該是最重要的。

7.新式的交通工具：飛機

進入二十世紀人類發明飛機，自此，人類的移動上了天。1914年，第一家提供定期航班的飛行公司出現在美國。早期，飛機雖然比輪船的移動又更快速，但是使用不夠普及，因此，飛機客運、貨運之發達，以及由此而就疾病移動的速度、幅度，甚至性質的變化，都主要發生在二次世界大戰之後。

1984年3月，有八人搭乘倫敦飛美國的班機之後生病，後來證實是因飛機上提供的餐飲衛生問題而產生的食因性病例。經過追蹤，這個事件單在美國就可能有2,747人受到感染，而經過英國航空公司全球航線的散播，全球罹病的人極可能超過一萬九千人

Corbis

8. 自由

1990年柏林圍牆倒塌，冷戰時代結束，東西方對立塊壘消失，全球化移動實現。1950年代時，每年國際觀光客2,530萬人。1995年，5億6,700萬人。

如此多的人頻繁地移動，自然導致相對應的疾病的傳染與移動。

於是，愛滋、狂牛病、禽流感、利百病毒，以及SARS，都成為全球移動舞台上的主角了。

圖為1990年，東德士兵和西德婦女在柏林圍牆開出的洞口握手。

Corbis

（後來因而死亡的人數則是一人）。據佛克斯(Nicols Fox)在《美食與毒菌》（Spoiled）中所說，1919年，由倫敦飛巴黎的航線為機上提供餐點首開先河之後，之前必定有類似的病例，但一方面因為乘客下機後分道揚鑣，幾天後即使有問題也往往以為自己水土不服，而不會有所聯想；另一方面擴散面也沒有這麼廣，因而沒有受到應有的注意。

飛機導致的食因性疾病，遠不止此。航運發達後，更重要的是把全球食品加工業密切結合在一起，各種食物鏈相互影響，產生各種新的問題。今天，光美國，每年有八千多萬人受食因性細菌感染而生病。（當然，不要忘了，SARS的流行全球，也是拜飛機所賜。）

圖為1919年美國內陸一個可搭乘九人的飛機航班。

如何與SARS和平共存

曾惠中（東吳大學微生物學系教授）的說明

訪問／編輯部

1. 我們到底應該如何開始認識SARS？

首先，大家已經知道SARS病原是一種病毒。而所有的病毒，都是微生物。所以，從基本上來說，應該先從微生物了解起。

2. 什麼是微生物？

微生物，是組成這個世界的本來面目之一。我們所生存的世界，它擁有的生命型式是由三大類生物所組成：植物、動物、微生物。

植物（生產者），靠陽光與水及二氧化碳而存活；動物（消費者），靠植物或其他動物而存活；微生物（分解者），則靠分解岩石、植物或動物的屍體而存活。所以，微生物，就其作用來說，可以細分成三類來說：

第一類，對動植物無害，專門分解岩石等等。

第二類，會使動植物失去生命。

第三類，等動植物失去生命之後，再來分解。

3. 那麼，細菌和病毒的分別何在？

由於微生物指的是單細胞以下的生物，因此就其體積大小而言，也可以細分成三類來說：

一、黴菌，或稱真菌──單細胞或多細胞，有細胞核。

二、細菌──單細胞，沒有細胞核，因為體積很小，要用400到1000倍的顯微鏡來看。

三、病毒──更簡單，更小，稱不上單細胞，相當於一個超級巨大分子，只有蛋白質外殼包裹著核酸。要用比看細菌還強一千倍的電子顯微鏡來看。

就黴菌、細菌而言，大部份是屬於前面所說的對動植

物無害，或是等動植物失去生命之後才來分解的微生物。雖然有些黴菌、細菌厲害起來也會要人命，（像是以前令人聞風喪膽的黑死病，也就是鼠疫，就是細菌所引發的），但基本上病原性的黴菌、細菌很少。

病毒則不同，都是屬於第二類微生物，也就是會使動植物失去生命。

4. 那黴菌、細菌、病毒有沒有什麼共通點？

有。

不論是病原性黴菌、細菌或病毒，他們都太小了，自己沒有多少行動能力，所以必須要靠一個寄主（可能是人類，可能是動物或植物）來移動。牠們的移動，就是傳染。

而牠們在寄主與寄主之間的移動，以人類的情況而言，主要就是靠空氣、飛沫侵入呼吸系統，或是靠飲食等侵入腸胃系統。當然也可靠接觸而侵入傷口、黏膜。

5. 人類可以怎麼消滅侵入體內的有害細菌和病毒？

前面說過，黴菌和細菌讓我們生病的不多。何況，今天就算有，可以用抗生素來殺死牠們。

但是，今天我們卻沒法殺死體內的病毒。最主要的原因是病毒的核酸和我們細胞中的核酸很相似，所以沒有什麼藥可以殺死病毒卻不傷細胞的。

因此碰上急性病毒，不像碰上細菌的情況，醫生主要用支持性療法，雖然使用抗生素，但最後要靠病人自己的免疫系統發揮作用，由免疫系統來消滅這些病毒。

病毒雖然無藥可醫，但是有疫苗可以對付。疫苗就是先進入我們身體後，誘導細胞產生抗體，等病毒一來就動

SARS是一種病毒，也不過是一種會感染呼吸系統的動物病毒。
既然牠是病毒，既然牠是微生物，就會受制於自然律。
此外，再加上已經知道牠是呼吸系統的傳染病毒，所以可以針對呼吸系統加以預防。

員抗戰。

6. 由疫苗來啓動免疫系統的過程，請再說明一下。

這個過程主要在淋巴球上。

一是使淋巴球產生抗體，可以直接殺死病毒。

二是使淋巴球武裝起來，成為免疫細胞，可以攻擊感染病毒的細胞。

7. 據說免疫力太強，對人類不見得是好事，又是怎麼回事？

感染SARS後如果病人的免疫系統太強，會殺死自己的正常細胞。

所以有SARS病毒遇弱則弱，遇強則強的說法。

8. 人類是什麼時候開始了解這些對抗微生物的方法？

非常晚近的事。

人類對細菌的最重要的了解，不過是大約一百二十年前的事。1880年代，我們才了解細菌到底是透過什麼途徑，如何傳染的。然後其後的發展就非常快速，到了二次大戰前，抗生素發明，速度更快。再等到DNA發現，對基因的解碼又發揮了很大的作用。今年正好是DNA發現五十週年。

9. 近來出現這麼多新的，不在掌握之內的傳染病，是怎麼回事？

學理上，導致傳染病的細菌和病毒有兩大類：一類是植物的傳染；一類是動物的傳染。而動物的傳染中，又分為三種：

第一種，只對人類產生傳染，對禽畜等沒有作用，如梅毒。

第二種，只對禽畜產生傳染，對人類沒有作用，如豬口蹄疫。

第三種，對人畜都會產生傳染，如狂犬病。

以前這三種傳染都涇渭分明，井水不犯河水，但現在有些則會發生突變，換句話說，也就是過去明明是第二種的細菌和病毒，現在卻可能發生第三種的作用。

10. 細菌和病毒為什麼會產生突變？

突變來自基因的結構產生改變，改變的原因可以是自然發生或受到物理或化學因素的影響，這是全世界的生物學家都在研究的課題。

11. 人類的大規模移動，頻繁移動，會不會是一個原因？

應該是有影響的。

前面說過，細菌和病毒本身是沒法遠距離移動的，必須倚賴寄主的移動。以前交通不發達，政經交流不頻繁，五大洲、七大洋，各地區的人老死不相往來，各地區也就有各地區的微生物。

而今天交通發達，全球化影響之下，全世界幾乎任何地方都可以朝發夕至，此外，再加上地球氣溫的變化等等因素，都能使各地微生物產生混合、增加變異。

12. 聽說我們使用抗生素太多，
是造成細菌和病毒發生突變的一個原因？

細菌和病毒，由於體積太小，所以數量極多。這一陣子看報導，大家都知道病人一滴痰裡可能就有一億個病毒。一滴就有這麼多，那一口痰裡呢？

我們用藥，都想殺死細菌、病毒，但是再怎麼有效的藥，這麼多細菌、病毒總不可能全都殺光。而如果我們濫用藥，多用藥，幾億個細菌或是病毒裡死掉百分之九十九，就算只有百分之一殘留下來，還是很可觀。而這些殘留下來的都是已經發生了突變的，等於是我們幫牠們做了物種優勝劣敗的篩選。這些少數殘留下來的再複製，這樣就養成抗藥菌，或是進化的病毒。

近年來台灣要推動醫藥分業的一個原因，也就是為了遏止大家濫用藥物的習慣。

13. 這些優勝劣敗下來的細菌和細菌，
病毒和病毒之間，還會以某種方式
交換牠們之間的「抗藥情報」？

牠們會以基因重組的方式來進行，交換的速度非常快。

14. 那麼，到底什麼是SARS病毒？

最重要的，我們要認知這是一種病毒，也不過是一種病毒。

在病毒中，牠屬於一種冠狀病毒。冠狀病毒的意思，就是在顯微鏡下形態結構似呈冠的輪廓，會感染呼吸系統

的一種動物病毒。

而SARS這種冠狀病毒目前之難纏，是因為牠是人類正常冠狀病毒，可能加上禽流感等病毒的變異，而形成一種特別的基因組合。

目前雖然還沒有疫苗可用，讓大家人心惶惶，但仔細想想，應該知道沒那麼可怕。

首先，既然牠是病毒，既然牠是微生物，就會受制於自然律。此外，再加上已經知道牠是呼吸系統的傳染病毒，所以可以針對呼吸系統加以預防。

第二，SARS的感染率並不高。大約在百分之二到百分之五。

第三，就算發病，死亡率也只有百分之五一十五左右。

事實上，今天台灣還有許多遠比SARS死亡更多的傳染病。以肺結核為例，每年就要死一千五百人。何況，許多結核病人還是到處亂跑，就在我們身邊活動。

對於SARS病毒，現在加拿大已經破解了基因序列，在網路上也有公布。只是就為什麼是新的基因組合這一點，則還不知道。

15. 感冒、流行性感冒、肺炎也都是呼吸系統的
傳染病，它們和SARS之間有什麼差別？

感冒(Common Cold)有兩類。一類是細菌引起，一類是病毒引起。由病毒引起的，又有幾十種。總之，感冒會傳染，但不易流行。（不易流行的原因是不論是細菌還是病毒引起，基因都沒什麼變異，很容易對症下藥。）

流感(Influenza)，也就是流行性感冒，是由「流行性感

短期內的課題：一、保護最後的防線：口，鼻，眼。

二、要避免其他人的飛沫沾到某處，轉而接觸到自己的身體。

三、所以要勤洗手，洗手可以除掉病毒，稀釋掉病毒。

四、要對自己身體正常的機能有信心。沒有特殊需要注意的情況下，用不著戴口罩。

五、要冷靜，懂得風險評估，不要隨便把感染風險的倍數擴大，歇斯底里。

冒病毒」引起，而且因為基因變異快，所以難以控制，會流行。

肺炎，有細菌引發的，也有因為流行性感冒病毒等而引發的。這些都是「典型肺炎」(Pneumonia)。另外還有一種受很特別的「披衣菌」感染而導致的肺炎，由於這種肺炎與一般細菌性肺炎不同，發病緩慢，用對一般肺炎有效的抗生素來治療無效，所以又叫「非典型肺炎」(Atypical Pneumonia)。

至於SARS，則不是典型肺炎，也不像是非典型肺炎。SARS是英文Severe Acute Respiratory Syndrome的簡稱，也就是「嚴重急性呼吸道症候群」的意思。從它現在只能稱為一種「症候群」來看，就知道它不同於過去的肺炎，以及非典型肺炎。

16. 既然「非典型肺炎」老早就存在，那大陸為什麼還是把SARS譯為「非典型肺炎」？

SARS從去年十一月在廣東發現，到今年二月大規模爆發，大陸一直在隱瞞。他們不願意面對這種新出現的病毒，為了淡化嚴重性，就故意說是沒什麼大不了的，不過是「非典型肺炎」，也就是「非典」。後來沿用下來，就把SARS稱之為「非典」。但從學理上來說，SARS就是SARS，不應該稱為「非典」。

17. 對於SARS，當務之急有什麼自保之途？

病毒主要從兩處侵入人體：呼吸道，腸胃。所以，要注意：

一、保護最後的防線：口，鼻，眼。

二、由於病毒沒有自我運送的能力，所以要避免其他

人的飛沫沾到某處，轉而接觸到自己的身體。（病毒藉由飛沫等降落到人體以外的地方，存活時間在幾分鐘到十五小時之間。）

三、所以要勤洗手，洗手可以除掉病毒，稀釋掉病毒。特別是：每感染風險的倍數擴大。感染機率是隨著病源或有可能傳染的來源距離越遠，機率越低，而不是越高。中間隔了距離，間接又間接的話，風險就會比較低。不要歇斯底里到連幾百公尺外開一個SARS的治療中心，都要以為自己會被傳染。

18. 就長期而言，又有什麼要注意的呢？

一、注意營養均衡——不要偏食，營養的五要素（澱粉、蛋白質、脂肪、蔬果、水）都要攝取。（烹調可能破壞掉維生素，因此每天需要再補充一顆綜合維生素丸。）至於其他一些保健藥品等等，不是那麼關鍵。

二、適量的運動。

三、規律的生活，充分的休息。日出而作，日入而息是最符合人類作息需要的。沒有不良嗜好。這樣內分泌就不會破壞，免疫系統可以維持最佳狀態。

19. 有人說，乾淨的肺容易感染SARS，抽煙的人因為肺部本身已經有各種毒物，所以以毒攻毒，反而不容易感染SARS，您怎麼認為？

這根本說不通。

因為抽煙會傷害我們的肺部，本身就在弱化我們的免

我們不能因為毒蛇或某些兇惡的動物會致人於死，
就極盡所能地想把牠們滅種，對待微生物也是同樣的道理。
我們可以這麼說，想要思考包括細菌、病毒等微生物的問題，
就要把人回歸為一種生物來思考。
有些微生物對我們有益，有些有害，但我們必須學習和牠們共存。

疫系統。而一個弱化的免疫系統，就長期而言絕對是更難對抗SARS的。

20. 台灣在接下來的SARS抗疫中，最值得注意的是什麼？

傳染病要對治的是傳染源。所以最重要的是傳染源的控制。這也就要看隔離政策等執行得是否確實。全世界有一套公認的檢疫、隔離、阻絕等程序，我們應該好好參考執行。

第二，是公共衛生的重要。而公共衛生，講穿了還是個人衛生習慣，也就是個人衛生的基本動作，而不是強調什麼特異作用。

21. 這次台灣社會在面對SARS的時候，表現的態度如何？

台灣的醫藥研究與發展，即使不是全世界頂尖的，也是很前面的。基礎醫學的研究也很紮實。

另一方面來說，我們的國民教育普及，整體社會的教育水準也很高。但是看這次台灣社會的反應，相當不夠理性，甚至可說是歇斯底里。我注意到：這次大家對SARS的認知是，對所有正面發展、有利的消息，都很嚴苛地挑剔而不樂意接受；但是對負面以及不利的消息，則非常容易不加判別而深信。不過是一種病毒，大家卻緊張得無限上綱，連外星人傳來的這種說法都講得出來。

我們社會的理智為什麼會這麼差，大家的認知和教育

水準為什麼不成比例，或者說認知和行為之間的差距為什麼會這麼大，很想不通，值得我們共同思索。

22. 對於細菌和病毒，我們還應該有哪些認識呢？

由於細菌、病毒等會使我們生病、死亡，所以隨著科學與醫藥的進步，有人主張等我們發明了這個發明了那個，可以撲殺所有的細菌、病毒等微生物，給人類一個乾淨、不生病的環境。這種說法和想法都是不對的。

微生物只是太小，我們肉眼難以覺察，但牠們還是生物。所有生物都是平等的，應該各有各的地盤和保持平衡。我們不能因為毒蛇或某些兇惡的動物會致人於死，就極盡所能地想把牠們滅種，對待微生物也是同樣的道理。我們可以這麼說，想要思考包括細菌、病毒等微生物的問題，就要把人回歸為一種生物來思考。有些微生物對我們有益，有些有害，但我們必須學習和牠們共存。

今天在一個講求政治、經濟等發展的全球社會裡，我們都沒考慮到這些微生物。即使今天有人在講環保，注意的還是大型的生物，還是沒看到微生物。環境、人類、微生物是個三角關係，這個三角關係你可以說是三角形的互動，此消彼長，互相牽制，也可以說是環境是一個大圓，把人類和微生物兩個小圓包在裡面。但是不管怎麼看，都最好維持動態的平衡。　■

文／洪啓嵩

SARS的深層思維

從深層的思維來看SARS，我們可以發現這是一個危機，但也是人類身心進化的契機。它在二十一世紀進入人類社會，對人類的身體、心靈產生強烈的衝擊，這讓我們思考自己的身心是不是不夠完備，因為病毒在自然界是早就存在的，以後我們還是會遇到其他的病毒，SARS讓我們瞭解自己的身心不夠完美，而有向上提升的可能。

過去人類太過驕傲，以為醫療體系已經可以控制一切的疾病，但是在SARS發生之後，對，這種病毒的無法掌握，使人類產生了極大的恐懼，也引起極大的混亂。

然而，面對SARS，我們不應該只是恐懼，而是應該學會謙卑。SARS和我們不是敵對的關係，而是伙伴關係，就像1958年諾貝爾醫學獎得主李德堡所說的，人類應該與細菌尋求一種共生的關係，而非希望完全征服它以得到最後的勝利。面對瞬息萬變的未來，我們越早做準備越好，這是轉變的契機。

除了身體的健康之外，這次疫情對現代人心靈的衝擊很大，因為現代的社會是一個承平時代的生命，並沒有準備好承受這樣的衝擊。承平時代的生命是自由而無序的生命型態，因此遇到特別大的衝擊時，本能性的自衛、反擊，完全表現出一種無知的誇大。

現在台灣社會面對SARS，我們完全可以用「無知」兩個字來涵蓋。一種是「專業的無知」，一種是「無知的專業」。

什麼是「專業的無知」？就是對專業無知，也就是一般性的無知。我們可以從民眾不知道如何正確戴口罩，到醫護人員逃出醫院等現象，看到因為無知所產生的恐懼與緊張，而產生各種本能的自衛性反應，卻無法達到防護效果，甚至造成極大的危險。

另一種則是「無知的專業」，這是專業人士對自身所知太過驕慢了，所以過去醫護人員讓我們以為一切都在他們控制當中，而沒有讓我們知道：其實有些事情是醫護人員也不知道的。因此民眾一旦發現連醫護人員其實也束手無策時，自然產生極大的恐慌。現在的混亂，可以說是無知靠無知傳播的結果。

SARS在二十一世紀只是一個小波瀾，雖然他讓很多人失去了生命，但是也讓我們看到生命的脆弱，讓我們知道人類在身體、心靈、智慧、慈悲上必須進化，這樣等我們未來面對更可怕的病毒時，才能通過考試。祈願SARS能成為人類身心全面往上提升的契機！

■

本文作者為作家。

瘟疫是怎麼進入一座城市，
又離開的
——卡繆的《鼠疫》告訴我們什麼

文／傅凌

拉丁文plaga，本來是「傷口」的意思，後來到英文裡成了plague，有兩個意思，一個是很明確地專指由老鼠傳染而引起的鼠疫；一個是凡造成大量死亡的重病。一般而言，都幾乎專指前者。

西方文化裡，和鼠疫有過非常長期的對抗歷史。一般而言，講起人類歷史三次跨越洲際的大規模（pandemic）鼠疫，共有三次，一次第六世紀，一次十四世紀，一次十九世紀末。其中前兩次主要肆虐地點都在歐洲。因而西方文化和鼠疫有著十分糾結的歷史關係。

像第六世紀那次，東羅馬帝國的皇帝查士丁尼本來有心重振羅馬帝國的雄風，結果沒能如願，就和君士坦丁堡高峰時期一天死一萬人而造成的國力大傷不無關係。另外，當時因為鼠疫而造成的人心慌慌，又使大家相信天譴，進而接受上帝，對基督教的推展也大有助力。十四世紀那一場造成歐洲四分之一到三分之一人口死亡的黑死病，就更不必說，之後對歐洲社會政治、經濟活動的重劃都深有影響。

也因為如此，西方社會對以鼠疫為代表的傳染病，有著各種觀察與書寫，也就很自然。有從歷史與社會的角度來寫的，譬如克瑞頓(Charles Creighton)的《不列顛流行病史》(*History of Epidemics in Britain*)，以及靳塞（Hans Zinsser）的《老鼠、蝨子與歷史》(*Rats, Lice and History*)；還有從個人經歷與觀察來寫的，譬如《魯濱遜漂流記》作者狄福（Daniel Defoe）的《鼠疫年紀事》(*A Journal of the Plague Year*)。因此，如果你為最近瘟疫般的傳染病，為你周圍聽說的人遭到隔離，為你突然覺得人生轉變了一種顏色，為你覺得陷入一個不知何時才能清醒過來的惡夢而惶然，甚至痛苦，那麼真的不妨從西方文化裡找一本書來閱讀。

那麼，我們就可以說，一定不能錯過的一本，就是卡繆的《鼠疫》。

卡繆把一場瘟疫發生的過程、現象、問題，甚至解答，都以他文學家的力量，以他的沉澱，以及沉澱所產生的歸納和預見，都寫在書裡了。而這本《鼠疫》，可以從四個角度來讀：了解一個傳染病的

發作過程，了解這個過程裡人心的變化，了解瘟疫的本質，以及，了解解答與希望。

故事發生的一個地點，是一個濱海的城市。他這麼描繪的：

「要了解一座城市，比較方便的途徑不外乎打聽那裡的人們怎麼幹活，怎麼相愛，又怎麼死去。在我們這座小城市中不知是否由於氣候的緣故，這一切活動全都是用同樣的狂熱而又漫不經心的態度來進行的。這說明人們在那裡感到厭煩，並同時又極力使自己習慣成自然。那裡的市民很勤勞，但目的不過是為了發財。他們對於經商特別感到興趣，用他們的話來說，最要緊的事是做生意。」

選一個濱海的商業城市當主角，就是卡繆的第一個歸納。商業活動的發達，使得人的匯聚大，接觸傳染機會大，而海港，則是歷史上各種傳染一向最方便也最重要的門戶（尤其鼠疫，因為老鼠在船上的躲藏空間大）。至於時間，卡繆雖然只告訴我們那是1940年代的某一年，但是，所有的事情，是從不折不扣的4月開始的，第一天是4月16日。

從4月16日到月底，是第一個階段，我們從主角里厄醫生在樓梯口踢到第一隻死老鼠起，開始看到城市裡逐漸有越來越多的老鼠死在住樓過道裡，人行道上的廢物箱裡，工廠和倉庫裡，最後到28日的高峰，一天就死了八千隻老鼠。第一個階段，以里厄醫生的門房發起攝氏三十九點五度的高燒，脖子、腋下、腹股溝的淋巴結腫得硬如木塊而死去，告一段落。卡繆這樣寫著：「我們可以這樣說：看門人的死標誌著一個充滿使人茫然失措的跡象的時期已結束，和另一個更為艱難的時期已開始。在這一時期裡，原先的震驚正在逐漸轉變為恐慌。」

5月，我們看到：越來越多的人死去，但是報紙只大幅報導老鼠死去的事件，對病死的人卻隻字不提。到5月4日，省府同意召開衛生委員會會議。在這場會議上發生爭論，一派主張還不必馬上就宣佈這是鼠疫，而採取一些無情的措施；一派主張「即使這不是鼠疫，也要採取規定在鼠疫發生時適用的防疫措施」。最後省長同意當鼠疫來處理。

會後過了兩天，「城內最不顯眼的角落裡看到省府匆忙地叫人張貼的小小白色布告。從這種布告中很難看出當局正視事實的態度，採取的措施也並不嚴屬，看來是為了迎合有人不想驚動輿論的願望。」可是更多人死去，醫生開始發現病人有驚恐反應，對病情也諱莫如深。但是官方公報仍然很樂觀。

接下來每天死亡人數不斷增加，省府所設的特別病房一下子住滿，一所幼稚園被騰空，改為輔助病房，更多強制申報和隔離措施進行，但是死亡人數還是上升。幸好，接著的好消息是等候已久的血

清終於運到,而且在這同時,「近郊把春意送到了市場。沿著人行道成千上萬朵玫瑰花正在賣花人的籃子裡萎謝,甜醇的玫瑰花香飄浮全城。表面上一切如常⋯⋯疫情似乎緩和,幾天內只死十來個人。」

就在大家鬆口氣的時候,疫情一下子惡化。又一天死了三十人左右。這天,省長拍來電報,正式宣佈發生鼠疫,封閉城市。於是,「前來的船舶改道他往。⋯⋯在整個海岸線上這裡是最大的港口之一,但現在喧嘩繁鬧一下子銷聲匿跡。⋯⋯貿易也被鼠疫奪走了生命。」

封城之後,6月到8月是一個疫情繼續惡化的階段。於是我們看到事情的種種演變:雖然有第二批血清運到,但是效果還比不上第一批;藥房裡的薄荷糖藥被搶購一空,許多人用這種糖來預防傳染;旅遊業深受打擊;一份新報紙《瘟疫通訊》問世,專門報導相關疫情;教會決定組織一個星期的集體祈禱;有些人隔離完畢回家,由於親人死亡,因而精神失常,縱火燒屋;有些人手持武器襲擊城門,和守衛相互射擊,傷幾個,逃幾個;當局被迫採取戒嚴,宵禁;等等等等。另一方面,我們又看到卡繆對人心變化的描寫多麼精細。

對於這個城市封城之後的反應,他先是這麼說的:「封城的最突出的後果之一,是人們突然面臨事先毫無思想準備的分離。⋯⋯突然一下子,他們發現自己已陷於遠離親人、無依無靠、既不能重逢又不能通信的絕境。⋯⋯這樣,鼠疫給市民帶來的第一個影響是流放之感。⋯⋯這時他們的勇氣、意志和耐心一下子都垮掉了,垮得這麼突然,以至於使他們感到好像再也爬不起來。⋯⋯在這種極端孤獨的情況下,終於沒有人再指望鄰居來幫助自己,各人都是心事重重地獨處一隅。⋯⋯」然後,又出現了另一種變化:「開始時大家認為這不過是一般疾病,因此宗教仍不失其原有的地位;如今他們看到這事的嚴重性,他們就想到尋歡作樂上來了。白晝刻劃在他們臉上的苦悶,一到熱氣騰騰、塵土飛揚的黃昏,就一變而為瘋狂的興奮和笨拙的放蕩,使全體市民頭腦發熱起來。」

唯一正面的是,雖然城中產生爭論,有人認為屈膝投降算了,但另外一些人則認為必須努力與鼠疫作戰。於是在有人出來擔任志工,組織防疫隊伍,還有醫生決定就地取材製造血清,直接從城裡的細菌培養血清。

9月到12月,更黑暗。鼠疫已經使這城市與世隔絕。城裡神父第二次佈道。由於居民迷信預言,占星等等,以迷信活動代替了宗教,這次座位要比第一次空多了。幾天後,神父染病過世。10月下

旬，當地取材的血清準備就緒，開始實驗。第一次對象雖然支持了很久，但還是死亡。11月2日，天主教的亡人節時，沒有人掃墓了。再也沒有人願意想念死者。「他們已不再是一年一度有人到他們墓前表示並沒有將他們遺忘的、被遺棄的死者了。他們是闖進人們生活裡來搗亂的死鬼，所以人們要忘記他們。因此，這一年的亡人節可以說被人們巧妙地混了過去。」

糧食的供應困難與日俱增，投機商趁火打劫，於是窮苦人家就極其困難。因而有人號召了一些示威，但很快被鎮壓下去。報紙當然聽從上面的命令，不惜一切地大肆宣揚樂觀主義，說全城居民危不懼，確實是「鎮定和冷靜的動人典範」。所有的體育場都被徵用，充作隔離病人所用。進入冬天之後，本來寄望於寒冷的天氣能煞住瘟疫的勢頭，然而沒有。所以那年的聖誕節「與其說是福音節，倒不如說是地獄節。店舖裡空空如也，黯然無光，窗裡盡是些假巧克力或空盒子，電車中的乘客臉色陰沉，沒有一點昔日聖誕節的氣氛。」

這個階段比較好的趨勢是，從11月開始，一天天過去，每天死亡人數並沒有增加。鼠疫已經到了頂點，進入高原期，因此有人認為是好事，是進入了一個穩定狀態。

聖誕節之後，開始最後一個階段。先是有四起病例因為使用當地製造的血清而起死回生。一個星期天，老鼠又跑到街上來了。同時，有關數字證明：疫勢開始減弱。於是，到第二年1月的時候，當地取材的血清獲得了一系列的療效：「連日來，燦爛而沒有暖意的陽光整天沐浴著這座城市。種新鮮的空氣使疫勢在三個星期裡連續減弱，死於疫病的人數越來越少……在一個短短的時間裡，鼠疫幾乎失去了它在好幾個月裡積蓄起來的全部力量。」

卡繆接著這麼寫出城裡的情況：「城裡好像沒有任何變化。……但要是再仔細觀察一下，人們就會注意到一張張臉都比以前開朗了，有時還掛著一絲微笑。這使人想起：在這以前，沒有一個人在街上露過笑容。實際上，幾個月來把這座城市纏得緊緊不透氣的帷幕已經出現了一個裂縫，而且每星期一從無線電廣播新聞中，人們發現這個裂縫正在擴大，最後將大到可以讓人呼吸了。」

於是，在故事的最後，作者告訴我們：「在二月的一個晴朗的早晨，拂曉時分，城門終於開放了。……同時火車也開始在站上冒煙了，而那些從遙遠的海洋開來的輪船已經駛向港口。」

讀這樣一本書，你才會發現文學的偉大。因為它是一切的濃縮，是所有真實的展示。因為真

實，所以它沒有任何遮掩地把一切悲慘的原因，以及可能，都攤露在你眼前，讓你不寒而慄；但也因為真實，所以它把黑暗中每一點光亮，都溫柔地指點給你，讓你感到溫暖。

卡繆對於這個城市的人，是帶著同情的態度寫下的：

這裡的市民所犯的過錯，並不比別處的人更多些，只不過是他們忘了應該虛心一些罷了，他們以為自己對付任何事情都有辦法，這就意味著他們以為天災不可能發生。……他們滿以為可以自由自在，但是一旦禍從天降，那就誰也由不得自由了。

在面對這樣一場傳染病的奮鬥過程中，他指點了一些態度：

必須要做的，就是該認清的事情，要認清，然後驅除無用的疑慮，採取適當的措施。……這種疫病並不是憑想像就會發生的，或者說，人們對它的想像是不正確的。如果鼠疫停止蔓延——這極有可能——那當然最好，否則的話，我們也能知道它是怎麼回事，以及是否能找出辦法來制伏它。

而在黑暗的日子裡，當醫生里厄和他的朋友塔魯在談話的時候，卡繆還用他淡淡的筆觸講出了僅有的一個希望：

經過一陣沉默之後，里厄挺了挺身子，問塔魯是否知道有一條通往安寧的道路。

「有的，那就是同情心。」

以及一個解答：

而且我們可以說，當市民們的心頭點燃起了一絲希望的火光時，從這時開始，鼠疫的橫行時期實際上就結束了。

請務必讀這一本書，不論為了什麼理由。

註：卡繆的這本書，譯為《鼠疫》或《瘟疫》的版本不少，這裡我們特別介紹的，是顧方濟、徐志仁的譯本，林鬱文化出版。本文整理的資料，都是參考這個版本，楷體字部份則是直接引用原文。■

白牆上的向日葵
——如何面對隔離的日子

文／楊心禾

「在營中的同胞們，請勿灰心，你們付出的我們很感激，你是最好的！你知道嗎？」這是香港淘大花園E座居民被懷疑集體染上SARS（非典型肺炎），全數被送往度假營隔離觀察十天時，一位市民透過SMS短訊鼓勵他們的一句話。經過十天與世隔絕，其中一個居民說：「近來人人戴口罩、身體保持距離；人人也在想如何保護自己，或互相猜疑對方有沒有病毒。這個病最可怕的副作用是人與人之間的隔膜。」被隔離固然難捱，比此更難捱的卻是人和人心靈上的距離。

緬甸民運領袖昂山蘇姬十六年前從海外返回緬甸後，大部分時間都在仰光的住所內受到軍政府的軟禁。1999年丈夫阿里斯患上前列腺癌，軍政府以人道理由批准她赴英見丈夫最後一面；對比著個人自由和人民自由，昂山蘇姬最後選擇了後者而捨棄愛情，只能留下「此情此緣，永誌於心」來表明自己對丈夫的心意。被軟禁初期，昂山蘇姬經常被單獨禁閉，她利用這段日子提高自己的法語和日語能力，也經常用鋼琴彈奏巴赫的樂曲來消遣，她的著作《*Freedom from fear and other writings*》亦是在軟禁期間所寫成，於1991年在英國出版。這段被軟禁的日子，成就了昂山蘇姬成為緬甸百姓心中民主、自由的象徵。

可是你、我都不是昂山蘇姬，不是每個被囚禁或隔離的人都可以有她那股高尚情操、理想去支持自己撐過這段被剝奪自由的日子。

倒數計時

全球性SARS疫症爆發後，各地政府要求病者家人等與病者有親密接觸人士，要進行家居隔離十天或以上。在平凡的工作或上學日子裡，一下子出現了一個令人措手不及的「假期」，事前毫無心理準備，也沒有物質準備。其中被隔離到度假營的居民說，當他看著度假營

外的無敵大海景，還有入夜後麗星郵輪駛進看似繁華依舊的香港景象時，已經感到很安慰，學會了以平常心看待被隔離的日子。在心理學上有一種「心理防衛機制」，對「自我」的心理起防衛作用，是個用來提高應付挫折或不安感的機制，如此說來「平常心」姑且也可被視為一種「心理防衛機制」。禪師所指的「平常心是道」就是「餓來吃飯，困來即眠」，在這個年代不少人抱著「我消費，所以我存在」，寧願不睡覺都要去Pub玩到天亮、寧願餓著肚子也要把錢省下來買名牌衣服。如果不是十天，而是無限期被隔離，還能以「平常心」待下去嗎？

由被隔離的第一天開始，每天就是重覆等待自由的來臨，「果陀先生要我告訴你他今天不能來，但明天準來」，於是每天等待「果陀」的來臨，就變成用來揮霍時間的工具和生存的唯一意義。在貝克特（Samuel Beckett）所寫的戲劇《等待果陀》（Waiting For Godot）中，「果陀」代表了我們對物質或心靈上無休止的追求，因為這些東西才能證明「我」的存在，而痛苦亦由此而來。被隔離的人通常會害怕與外面世界（果陀的使者）失去聯繫或被遺忘，所以劇中流浪漢一次又一次問果陀使者是否確定記得他們：「你是真的記得見過我才好，不然明天你來的時候又會說從來沒有見過我！」。被送往隔離營的香港淘大居民，因為被獲贈了一些雜誌、日用品，甚至各種不同通訊設施，如

固網電話線、Web-cam及寬頻的電腦和電視機等，讓他們解悶和親友見面報平安，紓緩了本來不滿情緒。

採菊南山

艾略特（T.S. Eliot）的一句：「Where is all the knowledge we lost with information?」每天我們從各種媒體獲得大量的資訊，從中我們得到的反思、啟示有多少？如果我們生於沒有電腦、電視和收音機等的年代，是否我便會失去智慧、快樂、還有「我」嗎？幸而沒有電腦，我們還可以靠大腦在這段被困期間自娛，讓法國作家Xavier De Maistre示範給你看。

1790年De Maistre還在意大利波埃蒙特區當軍官時，在一場私鬥中被逮捕，因而被罰關進寓所裡四十二天，只有一個傭人照顧和一頭狗陪伴他。De Maistre在這四十二天裡懶理被囚禁，還是一樣去了「旅行」，這種旅行還要是一種「New manner of travel」，而且旅程讓他創作了這本另類旅遊記事《Voyage Around My Room: Selected Works of Xavier De Maistre》。在他的描寫裡，我們知道這種旅行不需付上任何力氣和金錢；不分老少，也不需要理會天氣好還是壞、不會遇上強盜，總之適合每一個人。一切看來好像真的很好玩似的，他還誇口說在他之前誰都不敢、沒有試過或做夢也沒有想過去這樣的旅行，經過他的旅行經驗後，其他人便可以

依照他的「示範」去嘗試一下。他要向剝奪他自由的人表示「謝意」，如果不是被軟禁，他就不會懂得在遇上生命中的困難時，依然可以自得其樂。比起《等待果陀》那兩個流浪漢以「吊頸」來消磨時間，De Maistre享受自由移動被剝奪的日子的方法，既積極也有趣多了。

其實De Maistre的目的地並不是甚麼陽光與海灘的旅遊勝地，那只不過是他的房間——一個長方形的空間，從東面走到西面，只需有三十六步而已。原本他打算從房的一角走到房門口，但途中遇上了一張椅子，於是行程就改變了，思緒也隨之改變，就是這樣無分方向、步法，無限制地遊走其中。De Maistre會告訴你房間那四道牆並不是封鎖的圍城，而是幻想蔓延的憑藉。他帶領讀者在這房間內「雲遊四海」，從仔細描述牆上的一幅畫開始，到裡面一事一物都能引發他種種的聯想和回憶——很多平時忽略了或習以為常的東西，如今他都能夠開放各種感觀去感受，以另一個角度重新端詳一番。像De Maistre那樣把物件作出聯想，是很多甚麼編劇、創意寫作班等的訓練方法之一——一件信手拈來的東西（一支鉛筆，甚至是自己的手指頭），留意它的外形、線條、顏色，及功用等，這些特質如何象徵人物個性。或者以一幅畫或照片，描述它的現狀，再聯想這幅畫的「過去」和「將來」。除了視覺外，還有聽覺、嗅覺各種感觀和記憶交融，甚至有驚鴻一瞥之感，使人有所頓悟。這些頓悟無需翻山越嶺，即使失去移動的能力是可以垂手獲得的。

做自己的朋友

白先勇年幼時曾患上肺炎而被逼和家人分開，被「充軍」到上海郊區養病，那時候差不多有三年的時間沒有任何一個真正的訪客。唯一玩伴就是一對獅子狗：「黑獅子狗是路上撿來的，初來時一身的蝨子，毛髮盡摧，像頭癩皮犬。我替牠把蝨子捉乾淨，把牠養得胖嘟嘟，長出一身黑亮的捲毛來。」當你有用之不完的時間，大概也不會介意花在最微小、無聊的

事情上，連捉蝨子也可以是一種節目。古時的恩愛夫妻，丈夫替妻子畫眉，就算不可以出外看電影或到海灘漫步，也可享受閨房之樂。當然這種樂趣是有條件性的，一定要有一個百看不厭、又不會跟你吵嘴的伴才行，否則獨處會比和一個怨家日夜相對還好。真的要獨自被隔離時，不用愁，因為你也可以成為自己最佳的玩伴。如果你懂得武功，你大可像周伯通那樣「雙手互搏」，非習武人士也可設計一種一人玩的遊戲。有一個「Peg Solitaire」的棋局遊戲，據說發明者是法國大革命前夕，一位被關在巴士底監獄（Bastille）的貴族所發明——獨自坐牢期間他為了打發時間，於是設計出一種能夠自己玩的遊戲（所以才叫「Solitaire」），他每天就沉迷於自己發明的遊戲，後來更在整個監獄流行起來。到1789年7月14日，巴黎人民起義攻破巴士底監獄，令這個遊戲在社會各階層傳開來，到十九世紀已演變出多種不同的玩法。

白先勇另一個排解苦悶的方法，就是拿著望遠鏡從窗外看下去，看到因水災坐著竹筏倉卒逃難的男女時，他會替他們捏一把冷汗；看著父母在花園宴客，每個人都喜氣洋洋唯獨是他的被遺棄感……這和普魯斯特（Marcel Proust）在《追憶似水年華》（*In search of lost time*）中，描寫童年時只能在睡房的窗邊，看著母親和其他人在花園聊天，而自己卻等不到她親吻的心情一樣寂寞。不過，普魯斯特又似乎很享受獨個兒躲在花園裡一個帳篷內看書，不被任何人發現的同時又可以知道外面的世界發生甚麼事：「I could bury myself and remain invisible even while I looked at what went on outside.」。

窗框內的獨腳戲

偷窺，或許是被隔離時的一種「娛樂」，窗框彷彿就是螢幕，鄰舍無端變成了一齣戲的主角，而你則集導演、編劇、配音員一身。諷刺的是，窗戶的功用，本是用來觀看屋外的景物，而非屋內的。希區考克執導的電影《後窗》，飾演攝影師的James Stewart因為受了傷所以需要坐輪椅在家休養，在沒有電視、少量的書本和朋友的環境，加上好奇心驅使下，他開始拿起望遠鏡窺看對面大廈的鄰居的生活作息，還為他們各自起了別號（Miss Lonelyhearts、The newlyweds、Miss Hearing Aid），也竟讓他意外地發現一樁謀殺案，最後為自己和女朋友添了大麻煩。我們每個人多少都有點偷窺的慾念，而偷窺也有一定程度的娛樂性，但得冒上一定程度的危險；你要知道哪些應該看、哪些不，老實說，也侵犯了別人的私生活。一旦著了迷，看別人過生活所帶來的滿足感，比自己過活時更大，那麼即使恢復了行動的自由，但心靈卻還是彷如籠中鳥一樣。

四十二天的「漫遊」過去後，當移動的自由回到De Maistre身邊，他反而惋惜起來，因為

這個迷住了他幻想的領域，提供了他所有世上的財富和珍寶，也許在往後的日子再不會有如此這般的機會，去尋找、去享受內心的平靜和快樂：「Nothing can stop us; and abandoning ourselves gaily to our fancy, we shall follow it wherever it wishes to take us.」。2002年前南非總統曼德拉在倫敦舉行了一個名為「My Robben Island」的畫展，當中的作品展示他在羅本島監獄渡過了二十六年的生活。坐牢期間曼德拉用木炭和蠟筆畫畫來打發時間，其中一幅畫名為「The Window」，畫了一個從鐵窗的角度望出去，一片綠油油草地和山嶺的景色。可是實際上，在監牢裡根本就不會看到那樣的景色，這全是曼德拉在獄中渴求自由的一種投射。他所用的顏色也是很豐富的，他認為監獄固然曾經有它黑暗的一面，但也有連牆壁也遮蔽不住的光明：「我想告訴大家，只要我們能接受生命中的挑戰，連最奇異的夢想都可以實現！」。被囚禁的那二十六年，在曼德拉眼中依然是發亮、發光的日子。

隨遇而安，苦中作樂，老生常談很老套？但往往又總有它的道理。∎

如果六年後可以不必再為一個問題而困惑

文／郝明義

1997年四月的一個半夜，我守在電視機前。

前一天晚上，陳進興闖進了南非武官的家裡，挾持了人質，和團團包圍的軍警對峙。在電視的實況轉播下，現場氣氛隨著槍聲隨著軍警的移動節節升高，然後，高潮出現在一家電視台主播把電話打進南非武官的家裡，直接和陳進興對上了話。那家電視台成了全國收視的焦點，陳進興的聲音也直接進入了每一台電視機前的家庭。

那場對話很長，可以想見，對於其他只能播播屋外畫面的電視台相當於一場凌遲。因而電話掛斷之後，其他一家又一家的電視台搶著打電話進去，繼續和陳進興對談。

電視上，訪問的主播有人一口一個您地稱呼陳進興，有人像是在訪問一個落難的江湖英雄，有人熱乎地套交情，希望親自進去當面專訪。而陳進興則侃侃而談，不是把責任推給死去的同夥，就是責怪白冰冰不肯快速拿錢來贖女兒的不是。殘無人性地折磨一個少女，再讓她葬身水溝裡的匪徒，似乎和他完全無關。那天最後到天亮的時候，陳進興近乎予取予求地拿到他開出的一切條件，走出了屋子。電視屏幕上，所有的軍警、幹探、律師、政治人物，看來都只是一場大戲的配角。

從我自己的身邊可以感受到，就從第二天起，原來當白曉燕屍體打撈上來的時候，空氣中鬱積到最高點的恐怖與憤怒，一起消失了。一種面目模糊的消失。我聽不到麵攤老闆再咬牙切齒地罵陳進興不是人，他臉上的激動只剩下漠然；間或，還可以在這裡那裡聽到一些覺得陳進興真帶種，是英雄的聲音。就算不這麼認為的人，也不覺得有正義伸張，或是危機解除的舒脫，有的，頂多只能說是洩氣。

那個晚上的警匪對峙，是整個台灣社會參予的一場危機處理。而那場危機處理，得來的並不只是一場對峙之後的反高潮，還有接下來對台灣社會的是非、價值觀很大的影響。我不是社會學家，也沒有研究數字可以佐證，但我相信，那個影響是很負面的。

而不論是那天晚上當第一個記者開始訪問陳進興的時候，還是後來很長一段時間，直到今天想起來的時候，我都一直為一個問題困惑不解。那就是當一個脅持案發生（更何況這還是加上白

曉燕案的脅持案）的時候，爲什麼我們社會沒有一個應變的機制？台灣上演的美國電影是很多的，隨便看過一兩部美國警匪電影的人，不是都該知道碰上這樣的事情，首先就是要中斷裡外的一切聯絡，設定一個專線，由談判專家來集中對付歹徒，再視情況來誘導他投降，或是予以格斃嗎？

爲什麼我們的電視台可以打電話進去？爲什麼我們的執法單位不基於匪徒可能趁機爲自己開脫或是扭曲眞相，而切斷電話？我們包圍在外的重重軍警，爲什麼沒有拿出他們該有的專業素養，以及標準作業程序來採取行動？爲什麼最後甚至成了政治人物進去和匪徒談判，以致於造成後來許多爭議？

那天夜裡，如果是由專業的機制和作業程序來處理，後來很多事情，又會如何發展？

多年來，我一直被這些問題困惑。

◎

2003年四月，白曉燕案滿六週年不久，台灣爆發了SARS危機。從早期的防疫成績，到逐漸有一發不可收拾之勢，說是我們又碰上一次社會危機，應該沒有人會反對。

我不由得想起六年前的事情。

這次的危機，尤其在和平醫院事件之後，有許多相似之處。一處處隔離——只不過包圍在外的主角不是軍警；到處的電視實況轉播——媒體無所不用其極地取得爆料新聞；社會上被激起的恐怖和憤怒——只是波及的民眾範圍更廣，失控的程度更大。以及，等一下還要談的另一個問題。

不同的是：這次我們面對的，不再是一個匪徒，而是無聲無息，任何人都可能遭到波及，後果不可逆料的傳染病。

因而，在防疫還在進行的過程中，有一個本來實在不該評論，但是又實在覺得刻不容緩的一個問題：作業機制和作業標準程序出了問題的現象。這個問題的嚴重，可能凌駕所有其他的問題與不足之上。

這些問題，在李家同先生五月六日的一篇文章中說明得很清楚：

在我看來，政府目前的管理制度，至少有以下幾個嚴重的缺點：

(1)沒有一個跨部會而又有地方政府代表的總指揮中心。

(2)沒有建立管理情報系統(Management information system)。

(3)沒有鉅細靡遺的標準作業程序。

他進而說明：

和ＳＡＲＳ作戰，不僅僅是衛生署的事，教育部、國防部、內政部、環保署都必須參加。這也不僅僅是中央政府的事，地方政府也一定要能密切配合。這個指揮中心不僅將可以代表政府發言，也是一切問題的單一窗口，各個政府單位如有問題，應該是直接找這個指揮中心，這個中心的另一功能是使中央和地方成爲一體，地方上的問題，中央可以知道。

關於ＳＡＲＳ管理資訊系統，有絕對建立的必要，任何指揮，都必須先有足夠的資料，……

這種系統，不僅僅是儲存資料而已，也是幫助政府做決策的工具，病人要轉診，這個系統會先告知應該轉診的那一家醫院，最爲恰當。轉診成功，系統可以立即更新資料。ＳＡＲＳ病人去世，系統會替他選擇一家火葬場。並不是每一家醫院都可以治療ＳＡＲＳ病人的，也不是每一家火葬場都能執行ＳＡＲＳ病人火葬的。

最後，我懇切希望政府能制定出非常詳細而周密的標準作業程序（ＳＯＰ），以居家隔離爲例，這個程序一定要包含誰有權可以發出這個命令？命令如何送達這個人手中？何時生效？他如何回家？如果有ＳＡＲＳ現象，他如何去就醫？（總不能又坐公車去看病吧！）隔離通知書副本該送給誰等等，如果這些細節不在ＳＯＰ中，我們就有大麻煩了。

六年後，我沒法把自己的憂慮和認爲，說明得像李先生這麼清楚，我只能再寫篇文章來聲援、支持他的說法。但是以我只不過從臨時讀來的一些防疫資料來看，相信這麼做是有充分的理由的。美國是個各州非常重視自治權利的國家，但碰上防疫的指揮系統，是大家有共識讓聯邦層次來做的。台灣是一個防疫歷史與文化都不足的社會，社會上因而有許多失序、失態的情況發生，冰凍三尺，是難以避免的，是需要長期解決的，但是，起碼在救急的層面上，中央政府應該立即做這件事情。

寫這篇文章，也是不想未來六年裡面，再爲一個縈繞不去的問題而困惑——並且在一個後果可能更嚴重的環境之下。■

2003年5月4日，星期日，在國立圖書館裡查閱資料的時候，看到這一幅景象。圖書館並沒有因為SARS的問題而減少進入的人（後來我跟圖書館員查證過），雖然每個人都戴著口罩，但借書、讀書的人熙熙攘攘。做好防範，過該過的日子——這是我近來看到最美妙的場面。

Net and Books 網路與書
訂購方法
1. 劃撥訂閱

劃撥帳號：19542850　戶名：英屬蓋曼群島商 網路與書股份有限公司 台灣分公司

2. 門市訂閱

歡迎親至本公司訂閱。　台北：台北市 105 南京東路四段 25 號 10 樓之 1。
營業時間：週一至週五上午 9：00 至下午 5：00

3. 信用卡訂閱

請填妥所附信用卡訂閱單郵寄或傳眞至台北(02)2545-2951。
如已傳眞請勿再投郵，以免重複訂閱。

信用卡訂購單

本訂購單僅限台灣地區讀者使用。台灣地區以外讀者，如需訂購，請至 www.netandbooks.com 網站查詢。

☐訂購試刊號　　　　　　　　　　　　　　定價新台幣 150 元×_____ 冊 = _____元
☐訂購第 1 本《閱讀的風貌》　　　　　　　定價新台幣 199 元×_____ 冊 = _____元
☐訂購第 2 本《詩戀 Pi》　　　　　　　　　定價新台幣 280 元×_____ 冊 = _____元
☐訂購第 3 本《財富地圖》　　　　　　　　定價新台幣 280 元×_____ 冊 = _____元
☐訂購第 4 本《做愛情》　　　　　　　　　定價新台幣 280 元×_____ 冊 = _____元
☐訂購第 5 本《詞典的兩個世界》　　　　　定價新台幣 280 元×_____ 冊 = _____元
☐訂購第 6 本《移動在瘟疫蔓延時》　　　　定價新台幣 280 元×_____ 冊 = _____元
☐預購第 7 本至第 18 本之《網路與書》(不定期陸續出版)特價新台幣 2800 元×_____ 套 = _____元
以上均以平寄，如需掛號，
☐試刊號與《閱讀的風貌》、《詩戀 Pi》、《財富地圖》、《做愛情》、《詞典的兩個世界》、《移動在瘟疫蔓延時》每本加收掛號郵資 20 元
☐預購第 7 本至第 18 本。每套加收掛號郵資 240 元

訂 購 資 料		
姓名：	生日：	性別：☐男　　☐女
身分證字號：	電話：	傳眞：
E-mail：	郵寄地址：☐☐☐	
統一編號：	收據地址：	

信 用 卡 付 款	
卡　別：☐VISA　☐MASTER　☐JCB　☐U CARD	
卡　號：_____	有效期限：200　年　　月止
持卡人簽名：_____	(與信用卡簽名同)
總 金 額：_____	發卡銀行：_____

國家圖書館出版品預行編目資料

移動在瘟疫蔓延時＝Move in the time of Cholera／
黃秀如主編. --初版. -- 臺北市：
網路與書，2003〔民92〕
　面；公分.--(Net and Books 網路與書雜誌書；6)

ISBN 957-30266-5-1（平裝）

1. 社會變遷-論文，講詞等 2. 文化-論文，講詞等

541.407　　　　　　　　　　　　　　　92007823

如何購買 Net and Books 網路與書

0 試刊號

>特集
閱讀法國
從 4200 筆法文中譯的書單裡，篩選出最終 50 種閱讀法國不能不讀的書。從《羅蘭之歌》到《追憶似水年華》，每種書都有介紹和版本推薦。
定價：新台幣 150 元

存量有限。請儘速珍藏這本性質特殊的試刊號。

1《閱讀的面貌》

試刊號之後六個月，才改變型態推出的主題書。第一本《閱讀的面貌》以人類六千年閱讀的歷史與發展為主題。包括書籍與網路閱讀的發展，都在這個主題之下，結合文字與大量的圖片，有精彩的展現。本書中並包含《台灣都會區閱讀習慣調查》。
定價：新台幣 280 元，特價 199 元

2《詩戀 Pi》

在一個只知外沿擴展的世界中，在一個少了韻律與節奏的世界中，我們只能讀詩，最有力的文章也只是用繩索固定在地面的熱氣球。而詩則不然。
（人類五千年來的詩的歷史，也整理在這本書中。）
定價：新台幣 280 元

3《財富地圖》

如果我們沒法體認財富、富裕，以及富翁三者的差異，必定對「致富」一事產生觀念上的偏差與行為上的錯亂。本書包含：財富的觀念與方法探討、財富的歷史社會意義、古今富翁群像、50 本大亨級的致富書單，以及《台灣地區財富觀調查報告》。
定價：新台幣 280 元

4《做愛情》

愛情經常淪為情人節的商品，性則只能做，不能說，長期鎖入私密語言的衣櫃。本期將做愛與愛情結合，大聲張揚。從文學、歷史、哲學、社會現象、大眾文化的角度解讀「做愛情」，把愛情的概念複雜化。用攝影呈現現代關係的多面，把玩愛情的細部趣味。除了高潮迭起的視聽閱讀推薦，並增加小說創作單元。
定價：新台幣 280 元

5《詞典的兩個世界》

本書談詞典的四件事情：
1).詞典與人類歷史、文化的發展，密不可分的關係。2).詞典的內部世界，以及編輯詞典的人物與掌故。3).怎樣挑選、使用適合自己的詞典——這個部分只限於中文及英文的語文學習詞典，不包括其他種類的詞典。4).詞典的未來：談詞典的最新發展趨勢。
定價：新台幣 280 元

6《移動在瘟疫蔓延時》

過去，移動有各種不同的面貌與定義．冷戰結束後，人類的移動第一次真正達成全球化，移動的各種面貌與定義也日益混合。2003 年，戰爭的烽火再起，SARS 的病毒形同瘟疫，於是，新的壁壘出現，我們必須重新思考移動的形式與內容。32 頁別冊：移動與傳染病與 SARS。
定價：新台幣 280 元

別冊：移動與傳染病與SARS

82 傳染病和近代中國
郝明義

90 人類一移動，瘟疫就發笑
傅凌

94 如何與SARS和平共存—曾惠中的說明
編輯部

99 SARS的深層思維
洪啓嵩

100 瘟疫是怎樣進入一座城市，
　　　又離開的
傅凌

105 白牆上的向日葵
　　　如何面對被隔離的日子
楊心禾

110 如果六年後可以不必再為一個問題而困惑
郝明義

p.114

Part IV　未來的移動

62 流動地標的夢想實踐
　　史特拉斯堡的交通革命
楊子葆

69 通用汽車事件與下一個汽車大國
楊子葆

70 希望交通
楊子葆

72 網路與移動
趙學信

76 科幻作品裡的移動
鄭運鴻

Part V　移動的人

114 移動的人
藍嘉俊、賀新麗 等

126 流徙之戰
張大春

132 移動的狂人—發明家克里夫公爵
褚士瑩

136 旅行：生命禮儀的現代進行式
楊心禾

Part VI　移動與閱讀

140 與移動有關的50本書以及網站

Part VII　移動的體會

150 漫遊者
朱天心

154 主動者
歐陽應霽

160 異鄉者
胡晴舫

163 誰跟著我們移動
李欣頻

創新 未來

科技的理性，融入感性的人文價值
締造新世代優質的生活

永豐餘 http://www.yfy.com
奈米、生物科技透過 e 化的平台，不斷地在造紙、印刷、顯示等產業
創新服務，共創優質生活的未來

Part I
移動的感覺

移動的感覺

文／傅凌
圖／B02

有時候，你不應該移動。不要前進，甚至也不要後退。

我想過只要轉身走開就沒有事了，但是整個海灘顫動的陽光從後面催逼我。我朝泉水走了幾步，那位阿拉伯人沒有移動。……也許由於陰影遮擋著臉部，他好像在笑。我等待著。陽光的火燙炙燒我的臉頰，汗珠匯聚在眉宇間。送媽媽出殯那天，也是同樣的太陽，前額特別疼痛，所有的神經都在皮膚下扯緊。由於這種我無法再忍受的火燙，我向前挪動一下。我知道這麼做很愚笨，我移動了一步，還是無法擺脫烈日。然而我走動一步，只向前走一步。於是……我敲開了厄運之門。

《局外人》，卡謬

有時候，移動是因為某個眼波，某個聲音，某種飄盪的氣味。你不能言語，你只能移動，成為她的奴隸。

約瑟‧阿加底奧自覺飄入空中，升上天使般純潔的靈境，衷心吐出溫柔的髒話，傳入少女的耳朵，再轉化成她的語言由嘴裏說出來。那天是星期四。星期六晚上，約瑟‧阿加底奧頭上綁一塊紅布，跟著吉普賽人走了。

《百年孤寂》，馬奎斯

有時候，移動只是為了有每年五百鎊的收入，還有一間屬於自己的房間：

假如我們能離開家人共用的客廳，去看看廣大的人群，不是去看他們彼此間的關係，而是去看他們與現實之間的關係；並且也去看看天空，看看樹，看看任何東西的本質……假如我們面對事實，因為它是事實——那意思是說沒有人會予我們以援手，我們定然得自己走下去，並且，我們的關係是對這現實的世界，而不僅是對男人與女人的世界，那麼，機會就會來了。

《自己的房間》，吳爾芙

在整個旅程中，這種香氣一而再地出現。
每一個車站都擠滿怒吼的群眾。
每一個地方香櫞花都盛開怒放著。
這種到處存在的香氣似乎一直在引導火車北上，
它正如某些無處不到，
甚至及於最小的地方車站的謠言，
它老是在前面等著乘客的到達，
讓他們親耳聽見，
同時親身驗證。
《齊瓦哥醫生》，巴斯特納克

到了冬天，那個圮坍了的白塔，
又重新修好了。
那個在月下唱歌，
使翠翠在睡夢裡為歌聲把靈魂輕輕浮起的年輕人，
還不曾回到茶峒來。
這個人也許永遠不回來了，
也許明天回來！

《邊城》，沈從文

有時候，移動是心底揮之不去的一個糾纏：

它已不再是一塊令人愉快的神秘的空間——一塊給一個小孩去夢幻光榮的空白。它已成爲一個黑暗的地方。不過它上面有一條非常浩大的河流，尤其在地圖上你可以看見，簡直像一條伸直的大蟒蛇，頭在海裡，身體曲折的躺在廣闊的大陸上休息，而它的尾巴則消失在内陸的最深處，當我在一家商店櫥窗裏的地圖上看著它，它吸引著我就如同一條蛇吸引住一隻小鳥——一隻不知天高地厚的小鳥一樣。

《黑暗的心》，康拉德

有時候，你就是要移動。不管要攀岩，要搭便車，要趕巴士，要一切的一切。你對路上要發生的，有期待，也有無所謂，總之，就是沒有顧忌。

我知道，在旅途上的某地點，將會有女孩、有洞察、有一切一切在等著我；在旅途上的某地點，蚌殼將會張開，把珍珠送到我的手裡。

《旅途上》，傑克·凱魯亞克

或者，你沒有那麼浪漫。你只是需要一個過程，與自己對話的過程。

在維修摩托車的時候，你往往提出許多的問題，都會碰到無法解決的狀況。因而可能喪失了信心。其實大可不必如此。如果你一時找不到答案，就表示你設計的問題，無法替你找到你想要的答案。而你對問題的了解必須更寬廣，所以要進一步研究你的問題，不要摒棄這些無法回答的狀況，它們和是與否的答案同樣重要。

《禪與摩托車修護》，波席格

或者，你就是要告別一切，走進曠野，走進虛無，以及死亡。別人的不解與不捨，你來不及照顧。

他最後的行動之一是為自己照了張相片，站在巴士旁，站在浩瀚的阿拉斯加天空下，一隻手執著他最後的短簡，朝向相機鏡頭，另一手則擺出勇敢的、快樂的再見姿勢。他的臉憔悴得厲害，幾乎只剩皮包骨……相片中的他微笑著，而他的眼神無疑地流露：克里斯。麥克肯多斯終於如僧侶般平靜地、心如止水地走向上帝的懷中。

《阿拉斯加之死》，強・克拉庫爾

有時候，移動是一場熱情的具現，一次革命的宣告，一段自己生命的預知。

我在黑暗中看到他用來預告歷史的牙齒及戲謔的笑意，感覺到他和我握手，接著是他有如遠方模糊傳來的道別聲。在他話語聲中散逸的夜，再次將我重重包圍，將我吞沒其中。……我在這晚預見，我……會捉狂般的號叫嘶吼，會對壕溝工事發動攻擊，會以鮮血沾染我的武器，並會在狂怒中屠戮任何擋我路的敵人。彷彿是一番狂喜後繼之以無比的疲困之感，我看到我成為這場革命的祭品，個人意志被踩平踐踏，而我無所怨悔地宣告，有錯皆在我。

《革命前夕的摩托車之旅》，切・格瓦拉

有時候，你希望自己的移動不是直線的，不是曲線的，不是平面的。你希望進入一個高度，從高度再進入廣度。於是，飛行是你唯一的選擇……

踏上這未經人獸踐踏過的處女地，我興奮得發抖。我徘徊了一陣，不時被四周打不破的寂靜所驚嚇。第一顆星閃亮了，我想到這塊純粹的地表在這裡躺了幾千年了，而它只能看到這些星星……我在極短的瞬間裡擁有了幾千年，我是星群降下的客霑雨的見證人。最最奇妙的是，在這行星的圓形山脊上，在這塊有磁力的土地和那些星星之間，人類的知覺呈現了，好像呈現在一面能使雨反射的鏡子裡。

《風沙星辰》，聖艾修伯里

有時候，移動是一場很紳士的遊戲。你可以拿出自己一半的財產和別人打一場賭。

從倫敦經瑟尼峰與布林底希到蘇伊士，搭火車與郵輪——7天；

從蘇伊士到孟買，搭郵輪——13天；

從孟買到加爾答，搭火車——3天；

從加爾各答到香港，搭郵輪——13天；

從香港到橫濱，搭郵輪——6天；

從橫濱到舊金山，搭郵輪　——22天；

從舊金山到紐約，搭火車——7天；

從紐約到倫敦，搭郵輪與火車——9天。

——《環遊世界八十天》，朱爾·凡爾納

> 她恢復吃土的舊習。……
> 有了那一把一把泥土，
> 唯一值得她自貶身價的男人似乎不那麼遙遠了，
> 確實多了，
> 他那雙漆皮馬靴踏過世界上其它地方的地面，
> 泥土彷彿正把他血液的重量和溫度傳送給她，
> 化為礦土的氣息，在她口中留下辛辣的餘韻，
> 在她心底留下安詳的沉澱質。
>
> 《百年孤寂》，馬奎斯

有時候，移動是一局意志的遊戲。你最後獲得的只有一副魚骨，以及一個魚頭。

沒有用。大魚硬是緩緩游開了，老頭子沒有辦法拉動牠一分一毫。他的釣繩很結實，適合釣笨重的大魚。他把繩子繞在背上，緊緊拉住，弄得釣繩都撐出水珠來。然後釣繩開始在水中颼颼響，他還是抓牢不放，身體抵住坐板，往後靠，對抗大魚的拉力。小船開始慢慢向西北移動。

大魚一直游著，他們慢慢走過安靜的水面，其它釣餌還沉在水裡，不過沒有什麼辦法。

《老人與海》，海明威

有時候，移動是一種幽默。你可以用四十二天來旅行自己的房間。

房間是東西向的正方形，緊貼著牆走，周長三十六步。不過，我旅程所及的範圍則不止於此，因為我經常東西走，南北走，也對角走，不受任何規則或方法所限——甚至，我會如此這般地走個鋸齒形，需要的話，把幾何學裡可能的線條都走一遍。

《斗室之旅》，夏維爾·迪·麥特

或者，移動可以在一個令人昏昏欲睡的夏日下午開始。

……突然一隻紅眼睛的兔子打她身邊不遠處經過。這不是多希奇的事，愛麗思聽到兔子自言自語地說了句：「天啊，天啊，這下可遲到了。」的時候，也沒多放在心上……

《愛麗思夢遊仙境》，路易斯·卡羅

或者，移動只能在一支筆下的繽紛中開始。

安德里亞建造地十分巧妙，每條街道都遵循一顆行星的軌道，建築物和社區生活的所在，複製了星座的秩序與最明亮的星辰的位置……城市的曆法安排，使工作、公務和儀式都在一張圖上與當

日的天象相符應：因此，大地的白晝與天空的夜晚相互映照。

《看不見的城市》，卡爾維諾

有時候，移動是一種瀟灑，一種留白。

　　由店右登石坡，看聖僧池，清泉一涵，停碧山半。山下深澗交迭，澗無滴水。下坡行澗底，隨香爐山曲折南行。山形三尖攢立如覆鼎，眾山環之，秀色娟娟媚人。澗底亂石一壑，作紫玉色。雨崖石壁宛轉，色較縝潤，想清流汪時，噴珠泄黛，當更何如也！

《徐霞客遊記・遊嵩山日記》，徐霞客

有時候，移動是在尋求上帝的救贖。

勾起航海人思鄉之念的時分已經來臨，

這軟化了他們胸中的一片寸心，

那一天，他們正是心懷同樣的傷感告別好友親朋；

這個時分也激起新離故土的遠行者的懷戀之情，

因為他聽到遠來傳來的陣陣鐘聲，

這鐘聲像是為正在逝去的白晝哀泣送終……

《神曲》，但丁

有時候，移動是為了把自己還諸自然。

　　我前去森林，是為著過自由而無拘束的生活，是為著彰顯人生的基本需要，是為著看看自己是否能得到教誨，以致當死亡來臨時，發現自己沒有白活。……我祇想真切的生活，祇想痛飲生活的瓊漿玉液，祇想生活得如此簡單如此堅忍，以致把一切非生活的東西統統擊潰驅走，或誇大一句，把生活逼進一個死角……如果這種生活證明是卑微的，那就接受忍耐其一切卑微，且將其卑微公諸

如果我有五十三分鐘可以隨意支配的話，
我就自在地朝一道清泉走過去。

《小王子》，聖艾修伯里

於世；如證明爲崇高，則今世且以實驗知之，但願來生對它做一番眞實的描寫。

《湖濱散記》，梭羅

有時候，移動是爲了尋找內心的聲音。

悉達多看出這河的行色匆匆，由他自己和他的親友以及他所見過的每一個人所構成。所有的波浪和整個的河水都在痛苦之中奔向目標，奔向許許多多的目標……河水化爲蒸氣上升，變成雨露下降。變作流泉，化作小溪，成爲江河，重新再變，再度流動。……它仍在煩惱地尋求中回響，而且伴奏著其他的聲音——苦與樂的聲音，善與惡的聲音，哭與笑的聲音，數以百計的聲音，成千累萬的聲音。

《流浪者之歌》，赫曼‧赫塞

有時候，移動會帶來終極的孤獨。

世界對我來說相當遙遠，它跟我已經沒有什麼關係，我也不抱任何期望，沒有任何要求了。總之，我和這個世界已經沒有牽連，將來也不會再發生關係了。因此我對世界的看法，就如同我們離開人世後對世界的看法一樣：這是我曾居住過的地方。而且我也可以像亞伯拉罕對大衛那樣對它說：「你我之間隔著一道深淵。」

《魯濱遜漂流記》，丹尼爾‧笛福

有時候，移動會帶來所有的移動的停止。

他們體驗了一切囚徒和流放者的悲慘遭遇，那就是生存於無益的回憶之中。他們無時無刻不在留戀著過去，而感覺到的不過是惆悵。他們真想把同現在所盼望著的親人以前在一起時能做而未做的事情，都補進過去的回憶中去。……對眼前他們感到心焦，對過去他們感到憎恨，對未來他們感到絕望。

《瘟疫》，卡謬

有時候，移動只是漫長而無盡期的返鄉之旅。

現在，我要你告說此事，要準確地回答：

你漂遊過哪些地方，到過哪些凡人居住的國邦，告訴我那些地方的人民，牆垣堅固的城堡，那些個暴虐、粗蠻、無法無規的部落，和那些個尚能友待外客，敬畏神明的族幫。

告訴我爲何哭泣，愁滿胸膛，當你聽悉阿耳吉維人，那些達奈人的遭遇，攻戰在伊利昂。

是神明催導此事，替凡人編織出毀滅的羅網，以便讓後世的人們，聽聞詩人的誦唱。

《奧德賽》，荷馬 ■

我移動，所以我死亡

因爲移動而產生的死亡

文／楊心禾

「她察看車廂內底部、螺旋推進器、鏈條和慢慢滾過來的第一節車廂的巨大車輪，竭力測出前後輪之間的中心點，估算好中心對住她的時間。『那裡，那正中心處，我要倒下去。我就要懲罰他了！我擺脫一切！包括我自己！』。」

— 《安娜卡列尼娜》（Anna Karenina）

「鬼」道

現代鐵路的面世不單提供了一個快捷方便的交通工具，尤其在人口密集的城市，地鐵就像便利店那樣「總有一個在附近」，每隔數個街口便已經有提供自殺者既方便又快捷「落腳」（死得痛快）的地方。東日本鐵道公司在月台上安裝了一面鏡子，但它的用途不是爲愛美的人士而設，相反，它是讓覺得世界不再美的自殺者而設的。

跟據英國2002年一份研究報告指出，跳軌或臥軌自殺的人，有八成以上都是經過處心積慮的，只有兩成是「即興」的行爲。日本平均每年就有200人像安娜卡列尼娜那樣選擇跳軌自殺，日本過往大部分自殺者多是爲青年或老年人，但近年隨著經濟泡沫爆破，便多了失業的中年人士尋死，身於一個視訴苦爲一種軟弱行爲的社會當中的男性尤其多，在2000年50歲人士便佔所有自殺人士的25.9%。安裝鏡子的目的就是要讓自殺者在決定跳軌之前看到自己，希望他們能再想清楚，從而打消自殺的念頭，而把行人道塗上鮮綠色，據心理學家指出，鮮艷的顏色同樣可以打消自殺的念頭。除此之外，加倍人手去留意可疑的乘客，以及增加更多的閉路電視都是鐵道公司希望可以減少自殺案的措施。鐵道公司如此緊張，是因爲列車在繁忙時間停運1分鐘，便會令沿線2400人受影響。個人的尋死最終造成社會在經濟上的損失，鐵道公司會以鐵道損壞程度和受影響乘客的人數，向自殺者或死者家屬作出高達800萬日元的賠償（在台灣，依大眾捷運法，擅闖軌道將處以新台幣7500元至5萬元罰鍰）。這也許是很多自殺者尋死前都沒有想過的，如果死不去殘廢了，還得花一筆錢了事。

無論社會做多少周詳預防自殺的功夫，畢竟自殺是個人的事——我們是否需要把忙亂的腳步停下來，想一想，然後再決定我們下一步該走到哪裏？

死亡遊戲

選擇在速度和死亡間穿梭的，是一群喜歡飆車的賽車手，被賽車所迷倒的有希特勒（他視賽車爲提升國家主義的政治工具），還有對生命力有著熱烈渴求，但最後同樣選擇了結自己生命的一個作家——海明威，他則說過：「There are only three true sports: mountain climbing, bull fighting and motor racing. The rest are children's games played by adults.」小男生視車爲玩具，長大後這個玩具卻爲他帶來榮譽，尤其當他穿上猶如科幻片中太空船隊長般的賽車制服、接受男男女女觀眾視他爲偶像般的喝采時，賽車不單爲求速度的快感，還有英雄感。被封爲「20世紀賽車風雲人物」第一名的洗拿（Ayrton Senna, 1960-1994），在其賽車事業處於巔峰間，在伊莫拉舉行的

聖瑪力諾格蘭披士大賽中意外身亡。在時速每小時超過200英里，有如被700隻馬拉動的力量下，賽車手把自己的性命完全放在駕車技術和一個「機器」上，大家都認為賽車是極為危險的運動，《Deadly Obsessions : Life and Death in Formula One》的作者Phil Shirley說：「大部分的賽車手在一般的情況下，卻覺得駕駛賽車的安全感會比在街道上駕駛汽車來得大。」賽車手害怕「失敗」，因為失敗會帶來致命的結果，但他們更畏懼「害怕」本身，因為「害怕」這種情緒在比賽過程中，比比賽贏得來的金錢和死亡更具影響力。賽車手願意近距離的和死亡接觸的原動力，是來自人類面對極限挑戰時，一股最原始的求生和求勝的意志。

華麗的海上墳場

有關海難的事件，不能不提「鐵達尼號」，不論是事件本身，還是被James Cameron拍成的電影《鐵達尼號》，都轟動了全世界。《聖經》中，諾亞因為對上帝的虔誠，憑著一艘方舟使他和家人成為水災後世界上唯一生存的人；而在「鐵達尼號」的意外中，科技文明令人類相信「鐵達尼號」是一艘永不沉沒的船，但到最後還是敵不過一座冰山，令超過1500人喪命在大海中。在這個意外中，究竟誰有主宰生存的權利？是神還是人？在《Women and children first（Judith B. Geller）》一書中，作者用了生還者的日記、訪問以及當時的報紙引述事件的經過。如果是女性或小孩子，就有資格先上救生艇，如果是頭等艙的女性，被救的機會就更大，所以住在三等船艙的窮男人的生存機會率是最低的。

九一一之前的問題

在「九一一事件」前，世貿大廈曾經差點被一架民航機所撞毀。

1981年2月20日一個阿根廷籍機長駕駛一輛載有58名乘客的飛機，從邁阿密機場出發往紐約甘迺迪國際機場，由於語言上的誤會差點便令該飛機撞向世貿中心。這種移動上帶來的生命危機，令不少人希望學會各種的求生技術，因此很多甚麼《出國遇險求生術》、《災難自救求生手冊》、《求生的書：21世紀必備的生存指南》、《Safe Air Travel Companion》……等書籍的出現。

太空中的生與死

但如果萬一在太空出了狀況呢？這似乎是科幻片或小說中的情節，一般平民百姓好像不會有機會遇上的。科幻小說家亞瑟‧克拉克（Arthur C. Clarke）在《2001: 太空漫遊》描寫電腦「HAL9000」把鮑曼的同事騙出宇宙船外，並把呼吸臍帶切斷，讓他成為一個永遠漂浮在宇宙裡的屍首‧鮑曼自己則在宇宙中無止盡地航行，超脫了生死，昇華成為超級生命體「星嬰」（Star Child）。

克拉克自己從未踏足過太空，但在一個名為「Encounter 2001」的太空計畫中，一艘帶著克拉克和其他來自超過五十個國家參加者的DNA樣本、相片、思想以及希望等太空船「Star Ship」，會預計在2003年第二季在環繞地球三圈，開始一個長達13.5年的航程，飛到冥王星以外的太空。「Farewell my clone!」這是克拉克對自己將被帶到太空去的DNA所說的話，那個DNA就好像是「Message in a bottle, an archive of humanity」。在人類進入「太空平民時代」的前夕，這位老人家的「動」，跟今年2月哥倫比亞號遇難喪生的七位太空人來說，就安全得多了。

Part II
移動的歷史與文化

Map of Move 一個有待補充的筆記

編輯部

中國的哲學思想中,以《易經》為首。《易經》一方面探究宇宙萬事萬物莫不時時刻刻在變易的現象,一方面又追求在這種恆常變易中不變的道理,因而形成動靜、陰陽,一切沒有絕對而只有相對的思想體系,對中國人動與不動的文化影響深遠。另外,由於《易經》又可以當作卜卦的解釋,所以在移動上也是中國文化裡極為實用的工具。

中國移動相關大事紀

由於傳統上認為農民曆始於夏朝,所以又名夏曆。在很長的時間裡,中國一般社會大眾的行動以及移動,農民曆都是重要的參考。

夏朝,是中國許多交通工具開始的時代。奚仲作車(用人力拉推的),巧倕作舟(也有說是他人所作)。但夏人善於邁舟的說法可見於《論語》。另外,轎子的雛形在夏朝就已經存在。

從《詩經》的情詩中,可以看出當時禮教之防尚不嚴,男女的接觸十分自由,所以《周禮》說:「以仲春之月會男女,是月也,奔者不禁。」

周朝,車的數量多起來,分路車(貴族和將帥)、戎車(戰士)、輿(牛拉)、輦(人挽)。
《周禮》對交通制度有規劃,車制有規定,因而周朝人也講究御車,建驛道。政府官員裡,有司空一職,管理路權。總之,周朝不論從交通制度上,還是社會體制上,都開始規範人的移動。
周朝也出現由國家招待賓客的館舍:「館」對國賓;「寄寓」、「施舍」對平民,開始講求「賓至如歸」。水運到周朝也需求很大,已經有人可以靠提供船的交通工具而發財了。《小雅》:「舟人之子,熊羆是裘」。

商朝,已經用鯨魚骨、貝殼當貨幣,可見活動範圍已經移動到東海之濱。中國人開始使用馬,是從商朝開始的。乘馬的創始者,有許多說法,王國維的考證是「相土」。服牛(用牛拉車)的創始者,是王亥。商朝甚至也有服象的,《呂氏春秋》:「商人服象」。

	夏	商	西周
4000BC. 3000BC. 2000BC.		1200BC.	1000BC. 800BC.

以歐美為主的其他地區移動相關大事紀

人類歷史大約在700萬到900萬年前開始。化石顯示:人類的直系祖先,是400萬年前直立了。50萬年前開始,人類開始狩獵大型動物。5萬年前,完全的現代人,克羅馬農人(Cro-Magnon)出現,所謂大躍進。大躍進的時期,人類的地理範圍也擴大了。人類從亞洲,印尼移往澳洲,新幾內亞,是最早使用船運的證據。

公元前4000年左右,蘇美人在兩河流域居住。閃米人(希伯萊人和阿拉伯人的共同祖先),後來征服兩河流域,由於天然資源不多,地理屏障也少,因此商業活動發展很蓬勃,也產生向其他地區探索的動力。其中一支往地中海開拓的閃米人,又稱腓尼基人。腓尼基人後來在迦太基建城,跟羅馬展開很長一段時間的爭鬥。

和兩河文明相當,埃及文明也早就高度發展。

前850　　　腓尼基人在迦太基建城

現在保存下來的最古老的地圖,是公元前27世紀蘇美人繪製的。前25世紀巴比倫的地圖則是刻劃在陶片上。公元前11世紀埃及人繪製的彩色金礦圖,是畫在展平了的紙草葉片上的。

今天還存在的兩河流域遊牧民族的直留到今天的一個代表是貝都因人。

地中海地區最早出現的是愛琴人(Aegean peoples),大約跟蘇美人相同的時間就創造了克里特文明。但是在公元前十五世紀左右,克里特文明突然消失。有部份原因是天災,部份則可能是受北方下來的希臘人的影響。從此,希臘人開始逐漸登上歷史的舞台。

希臘多山,因此產生了許多小小的,相互隔絕的地區。在公元前1500年左右開始,他們產生類似美索不達米亞的城邦體制。在荷馬時代的希臘人,追求的是英雄的榮耀,對商業活動不屑一顧。然而大約公元六世紀前後,希臘結束了神話與英雄的時代,進入理性與貿易的時代,很快形成一個高度的文明。由於陸路交通不便,海岸線又長,所以希臘人又特別擅長航海(當然是在地中海的範圍之內),在今天東起土耳其,西至西里島的地中海四周,以及黑海沿岸,建立了許多城市。到公元前五到四世紀,蘇格拉底、柏拉圖、亞里士多德相繼為希臘文明展開燦爛的一頁。

春秋之後，井田之制，徹底破壞，人民非自謀生計不可。而談到求富，農不如工，工不如商，所以周人都改行營商，因此移動自然多起來，也開始有私人經營的旅館：逆旅、客舍、宿舍。

前139年　漢武帝為斷匈奴右臂，派張騫出使西域，開拓了絲路。另一方面，漢代的造船業已經非常發達，已能根據不同的用途和需要造成各種類型的船，有客船、貨船、戰船等。漢武帝時，已經有「樓船，高十餘丈，旗幟加其上，甚壯」。

春秋戰國時代，各國競爭激烈，開始出現郵、傳的制度，都是在一定距離之內安排交通工具的替換交接，以便達成長程交通及文書傳送的目的。自此開始，郵傳並稱（後來的「驛」也屬於「傳」之中），直到民國，政府裡主管郵傳的部門才改稱交通部。

秦始皇統一天下後，「車同軌，書同文」，對中國人的移動與溝通產生了根本性的作用。此外，他對於移動還有些大事：遷天下富豪十二萬戶於洛陽，建萬里長城，修馳道。馳道的路線都是直的，沒有曲折，所以又稱直道。秦朝還出現可供人在內躺臥的大車出現，名為輼輬。

中國迄今發現年代最早的古代地圖是戰國中山王「兆域圖」，製作時間大約在西元前323—前315年。

秦以後，帝王所乘之輦，去輪為輿，改由人抬，稱為「步輦」，到晉朝稱為「肩輿」，到宋代才稱為「轎」。1978年，大陸河南省發掘出一座春秋時期的墓，墓中出土有三乘肩輿，可以說是中國最早的轎子。

前484　孔子周遊列國後回到魯國，開始編輯六經。其中《論語》就對中國人有關移動的思想產生許多影響，舉其大者：「父母在，不遠遊，遊必有方」《論語·里仁》。
與孔子大約相當時間，老子著《道德經》。

漢高祖重農賤商，「令賈人不得衣絲乘車」．

戰國中葉之後，馬開始單騎的風氣大盛

| 春秋 | 戰國 | 秦 | 西漢 | 新莽 | 東漢 |

600BC.　　　　400BC.　　　　200BC.　　　　50BC.　　0

公元前8世紀左右，荷馬（Homer）取材特洛伊戰爭，創作史詩《伊里亞德》與《奧德賽》，奧德賽成了西方文明有關流浪的一個原典。

前264羅馬與迦太基戰爭開始，前146　迦太基被羅馬滅城。

前312　羅馬建著名的亞庇安大道(Appian Way)

西元前600年，地中海人使用燈塔告知水手危險區域。第一座燈塔位於Sigeum，最高的燈塔之一在埃及的亞歷山卓。

公元前6~5世紀，古希臘悲劇詩人索弗克里斯（Sophocles，496~406B.C.）著《伊底帕斯》（Oedipus），敘述伊底帕斯弒父娶母，終至刺瞎雙眼自我流放的悲劇。

羅馬是在公元前753年建城，起初有國王，到公元前509年被推翻，改為共和。到公元第三世紀，羅馬大致把今天義大利全境統一，開始和迦太基展開地中海的主導權，這才真正開始成為一個強權。事實上羅馬是一個政治與金融的首都，只事消費而不生產。國家的財富，來自不斷地拓展版圖，每征服一個地方，就征收那個地方的財富。戰爭的俘虜多，也是羅馬奴隸制大盛的一個原因。全國有三分之一是奴隸。到公元前27年奧古斯都登基，改為帝國後，羅馬的國力至盛，版圖擴張到最大，各種商業活動也達到高峰。這麼大範圍與頻繁的軍事與貿易活動，促進了各種移動，包括疾病。羅馬史學家李維（Titus Livius Livy, 59 B.C. - 17），記載過十一場共和時期的瘟疫。

公元前5~4世紀，《希伯來聖經》，也就是《舊約聖經》寫成。<出埃及記>，摩西帶領以色列人穿越紅海，到應許之地巴勒斯坦。日後，《聖經》將成為西方思想裡最重要的支柱之一。

公元前334年，馬其頓的亞歷山大東征，建立了一個從地中海而埃及而兩河流域，直到印度的史無前例的大帝國。亞歷山大死後，手下為了爭奪他的版圖，纏戰了二十年。之後，三分天下。

公元166年（桓帝延熹九年），「大秦王丹敦遣使自日南徼外，獻象牙、犀角、玳瑁，始乃一通焉。」《後漢書·西域傳》這是中國同歐洲國家直接友好往來的最早記錄。

晉朝私營旅社發達，因而「時以逆旅逐末廢農，姦淫之命多所依湊，敗亂法度」，潘岳乃有《客舍議》。

佛教從東漢時期由絲路傳入中國，之後日盛。到南朝的時候，印度許多僧侶是由海路經由商人的船舶進入中國。法顯去印度留學三年，也是跟商人大船而還，著有《佛國記》。佛教之傳入中國，和當時對外貿易之頻繁有密切關係。

97年　（漢和帝永元九年），班超在中亞一帶擊敗匈奴侵擾，重新開通了連接西亞的絲綢之路，並派遣部將甘英出使大秦（即歐洲的羅馬帝國），以便打開與歐洲的直接聯繫。甘英抵條支，窮西海，已達地中海東岸，但終究未能接觸上大秦。

三國末年，張道陵創立了道教。道教的修練系統，又給中國文化增加了許多移動的可能與想像。

西漢時，貴族不駕牛車，漢武帝時略有推廣，但是到東漢末年，則十分普及，「天子至士，遂以為常乘」。

從東漢末年，一直到兩晉，南北朝，戰亂頻仍，交通中斷、支離。尤其到南北朝時期，南北更是長期隔絕。北方戰亂不止，對西域交通中斷。南方則更不在言下。

歷經將近三百年的分離隔絕，隋朝將南北中國統一。煬帝以長安為西京，以洛陽為東京，把天下富商大賈之家好幾萬戶遷移到洛陽，使洛陽極其繁榮。煬帝又開邗溝、永濟渠、江南河三段大運河，奠定了之後千百年間南北商業貿易的重要通道。他到江南的時候，有數萬艘船同行，「舳艫相接，二百餘里」。

91 竇憲大敗北匈奴，北單于僅以身脫。此役之後，匈奴不能在漠北立足，只得西逃，三百年後移至黑海，引起骨牌效應。原住黑海北岸的西哥德部落，西侵多瑙河上游；原住多瑙河上游的汪達爾部落，西侵羅馬帝國。這些蠻族終導致羅馬帝國的滅亡。

黃帝造指南車為神話傳說。東漢張衡發明指南車，但製作方法並未流傳。真正有記載是三國時期魏人馬鈞所製。

但是南朝從海路上與南海的來往則開始發展起來。廣州由於海外船船舶常至，得以發展起來。廣州刺史一職，更是肥缺，因而有「但經城門一過，便得錢三千萬」之說。

641 文成公主嫁松贊干布。

466-527 北魏酈道元著《水經注》。

627 玄奘赴西域取經，歷時19年後回到長安，之後完成75部佛經之翻譯，並著有《大唐西域記》。六祖慧能（638-713）使禪宗思想廣泛流傳。

陶淵明（365～427），亂世裡的隱居，成了千古「隱逸詩人之宗」。

日本派遣唐使19次。

諸葛亮造木牛流馬。

383　淝水之戰

200　　　　　　　　　　　　400　　　　　　　600

165年　羅馬帝國發生安東尼瘟疫（Plague of Antonius），很多人認為這是天花進入歐洲之始。

476年　西羅馬帝國滅亡。

375　日耳曼民族大遷移，從黑海北岸渡過多瑙河。

從公元第二世紀開始，隨著羅馬帝國的衰敗，奴隸逐漸消失，農地的耕耘改由佃農的手裡。接下來的亂世，佃農希望有靠山的保護，因此願意為土地的領主付出越來越多，土地的領主嚐到好處，希望佃農不要流失，就利用土地把佃農綁得越來越死。佃農逐漸成為第四世紀的半奴隸（Colonus），然後到第六世紀正式成為「農奴」（serf）制度。
十四世紀的時候，歐洲由於黑死病死了大量人口，加上政治上新的地域性強權興起，以及新的工商經濟活動出現，因而西歐結束了農奴制度，改行自由佃農。然而農奴制度在東歐卻又持續了幾百年，尤以俄羅斯直到十九世紀末葉才結束為最晚。

542 - 543　人類第一次鼠疫大流行，由埃及、北非傳至歐洲，由於在東羅馬帝國國王查士丁尼在位期間，故名查士丁尼瘟疫（Plague of Justinian）。高峰期，每天君士坦丁堡地區死一萬人。查士丁尼本來雄心壯志，想重新光復已經滅亡的東羅馬帝國地區，最後未能成功，有人認為相當因素要歸因於這場鼠疫所造成的損失。歐洲文明之所以會逐漸往北移，也是因為大家要躲開鼠疫肆虐的地中海地區。

維京人是日爾曼人的一支，八世紀末至十一世紀末活躍於西歐的北歐海盜。

622　穆罕默德逃到麥加避難，回教紀元開始。634 穆罕默德以區區三、四千人的軍隊起兵。在接下來一百年間，回教建立了一個橫跨中亞，北非及西班牙的大帝國。回教的版圖，帶動了東西各種文化的交流，中國的造紙術就是因而傳入歐洲的。

吉普賽（gypsy）這個詞的意思是「從埃及來的人」，然而，根據語言學家根據他們使用語言的考據，吉普賽人大概起源於印度西北部，在十一世紀左右踏上了遷徙的旅途。其間，他們的語言受到希臘語、波斯語等語言的影響。大約在1300年，吉普賽人移居到歐洲。

唐朝進入文明的高峰。陸路交通，國內以長安為中心，各方路線向外輻射，國外則再度打開對西域的交通。水路的發達，促使揚州興起。揚州一方面是運河的重點，一方面可以出海，成為胡人甚多的國際都市。廣州則繼續是和南洋來往（到今天錫蘭及波斯灣一帶）的樞紐。（唐末黃巢之亂時，廣州被殺的外國人有十二萬人。）

但是唐朝對城關也非常重視，有關津之令，規定行人度關須憑公文，不得私度，不得越度，不得冒名度，不得妄隨人而度，不得私禁物。另有走馬之令，算是城裡的交通法規。唐朝也有飛鴿通信。

751 高仙芝率七萬人與大食國（今阿拉伯）二十萬人交戰，戰敗。從此唐朝無力再向西開拓疆土，大食國也打消征服中國的念頭。唐朝軍隊被俘的人中有造紙工匠，造紙術因而傳入撒馬爾罕（今天烏茲別克境內）。高仙芝軍中的杜環，被俘後隨阿拉伯軍隊行過中亞、北非（摩洛哥），762年返長安，寫成《經行記》一書。

女性纏足始於南唐李後主，到宋代，大盛。從此，中國女人的行動在身體上日益受到制約。女性受的教育從宋朝開始窄化，到明代更發展出「女子無才便是德」、「婦人識字多誨淫」的觀念。因而到明末，人多不教女子讀書了。女人的行動，真的是可以「大門不出，二門不邁」了。

五代　戰亂再起。各國分據，交通路線又破碎不堪。

十三世紀開始，成吉思汗以及他的後代建立一個橫跨歐亞的龐大帝國。歐亞兩大洲的交通與移動，有了最大的發展。中國的印刷術、紙牌、算盤，都是因蒙古而傳入歐洲。

元朝統一中國後，設驛站制度。由大都開闢一些大道到各行省。除了陸路之外，由於運河已日益不通，因此元朝也發展海運，海外朝貢之國很多，泉州集一時之盛。由馬可孛羅遊記，以及伊本巴都他的遊記中，都可以見到描述泉州是全世界最大貿易港之一的說法。除馬可孛羅外，還有多位歐洲人來到中國，回去之後，以遊記記載中國之富庶，給後來葡萄牙、西班牙急於東來，探索中國之情埋下了種子。

北宋末期，指南針開始被用於航海，即羅盤，後來大約在12世紀下半葉傳到歐洲，對歐洲開展近代大航海時代有很大的影響。

1219年　耶律楚材隨成吉思汗西征，著有《西遊錄》和《湛然居士集》。

南宋之後，有一百五十年與北方交通斷絕。

唐	五代	北宋	南宋	元	明
800	1000		1200		1400

1095年，為了解救被土耳其人佔領的耶路撒冷，十字軍東征開始，前後共進行了八次，直到1291年結束，長達兩個世紀。十字軍東征，產生了騎士精神（Chivalry）。此外，由於男子長期征戰在外，西方女子的行動及自主能力大幅提高。

中世紀，城市是農奴的避難所，也吸引一般鄉下人去交易，居住。人口大量從鄉村移動到城市。而城市的公共衛生很差，各種疾病的傳染，使得城市人口的死亡率很高，必須不斷地從鄉村補充人口。

另一方面，城市的公民意識逐漸抬頭，商人的權利也開始高漲，他們一方面希望有保障不受外來的干擾，一方面還希望賦予行商時候所需要的社會及政治權利。各地分裂的局面形成了競爭，王公貴族為了爭取人民來歸，增加收入，一再核發更多的特許，並且在政治上妥協，給予城市人更多的自治權。

11～13世紀末，出現許多流浪歌手和吟遊詩人，以樂器伴奏演唱，歌頌英雄與愛情。吟遊詩人最早的起源是在法國普羅旺斯一帶，慢慢地移轉到德國，進而感染了全歐洲。

義大利的民族詩人但丁（1265～1321）寫成《神曲》：共分三篇：地獄、淨界（煉獄）、天堂，把人在天堂與地獄之間的各種移動描繪得淋漓盡致，不但對基督教文明，對整個西方文明影響深遠。

1346年，蒙古軍隊圍攻克里米亞地區的卡法，爆發了一場疫病。蒙古人雖然被迫撤軍，但是疫病也傳進了卡法，然後搭船越過地中海，傳進了歐洲。在接下來的六年時間裡，歐洲死了四分之一，相當於二千五百萬的人口。這一波黑死病以不同規模在歐洲不同地區肆虐至1665年，是人類第二次鼠疫大流行。

古代英語名詞「旅行」（travel）跟「勞苦」（travail）相當。

十三世紀的最後二十年，義大利和英格蘭幾乎同時發明了機械時鐘。時鐘的意義：城市的最新象徵。每個城市都想有一個自己的時鐘，遊客如朝聖般前來觀賞、聆聽時鐘。

十四世紀，也是威尼斯、熱內亞等義大利城市主導地中海商業的時期。但也正因為地中海為他們所佔，葡萄牙、西班牙沒有染指的空間，所以他們想要和遙遠的中國和亞洲交易，由於陸路被阿拉伯人和土耳其人所隔絕，因而想到經由海上，從水路來進行探索。

永樂年間（1403～1424），鄭和下西洋，最遠曾到達非洲海岸。這時是明朝國力的高峰。但是從1500年起，明代下達禁海令，不再往海權發展，與這段時間歐洲的發展正好相反。

嘉靖年間（1522～1566），葡萄牙人來到中國沿海，集中在澳門做生意。《明史》對這些人的形容是：「其人長身，高鼻，貓睛，鷹嘴，拳髮，赤鬚，衣服華潔，市易但伸指示數，雖果千金，不立契約，有事指天為誓，不相負。」
明代西方人東來的時候，也是福建、廣東一帶的人在南洋貿易頻繁之時。

王陽明（1472~1528）以陸九淵之傳承，另起心學，知行合一，影響深遠。

1414年　陳誠著《西域行程記》和《西域番國志》。

明代因突厥人的崛起，對西域之交通再度中斷。但海上交通更發達。

1624　荷蘭人登陸台灣，同時期，福建、廣東沿海移民「河洛人」、「客家人」渡海來台開墾，後被稱為「唐山公」，並有「唐山過台灣」之種種故事流傳。
1662　鄭成功為趕走荷蘭人，所帶領將近四、五萬人的軍隊，進駐台灣。可說是最初的中國來台集體移民。
1683　鄭克塽向清朝投降，鄭氏父子三代的台灣經營落幕。清廷實施嚴格的海禁政策，並把十幾萬移民強制遣返大陸，同時對移民實施「封山令」，禁止移民進入原住民地區開墾。

徐宏祖（1586-1641），從二十二歲開始，周遊全國，歷三十四年，足跡遍及大江南北，考察並記載了二十多個省市的山川地形，著成《徐霞客遊記》。

1582　利瑪竇來華，帶來《萬國輿圖》，從此中國始知有五大洲。

吳承恩《西遊記》。

明

1400　　　　　　　　　　　　**1500**　　　　　　　　　　　　**1600**

1453　東羅馬帝國亡。拜占庭風的文化中心移往俄羅斯。

文藝復興，經由科學與哲學思想的啟蒙，開啟了歐洲人的世界觀，相信了地球是圓的，也開啟了航海的年代。1419年，葡萄牙建了一個海洋研究中心。之後數十年間，這個中心鑽研大海航行的技術，對葡萄牙人的海權貢獻極大。這個時候的葡萄牙人發現緯度線，掌握了航海之鑰。十五世紀末葉，葡萄牙開始在非洲利用黑人奴隸開始大批種植甘蔗的試驗場，開始了日後在美洲大陸的黑奴貿易，以及甘蔗種植的先聲。不久，葡萄牙和西班牙就達成協議，葡萄牙往東走，結果繞過非洲到印度再到了中國；西班牙往西走，結果哥倫布發現了新大陸。

1490　達文西首先使用「直昇機」helicopter一詞，他對於人類飛行有著狂熱，並且繪製了五百幅可能是為飛行機器設計的草圖。

1492年，哥倫布發現新大陸。不論是哥倫布還是繼他而去的科爾特斯和皮卡羅，都給美洲的印地安人帶去了致命的禮物──歐洲人已經產生免疫力，而印地安人前所未有的各種病毒。先是天花，再麻疹，再斑疹傷寒，再流行性感冒，再加上由非洲傳來的瘧疾和黃熱病，大約一百五十年間，美洲印地安人數和前哥倫布時代相比，死亡近兩千萬，僅剩二十到二十五分之一。

哥白尼(1473-1543)和伽利略（1564 ─ 1642）分別提出異於基督教信仰的見解，開始地動說。對接下來的西方文化產生關鍵性影響。

1517馬丁路德點燃宗教革命，新教（基督教）興起，舊教（天主教）人士力圖振作，其中的耶穌會尤其熱心到美洲及亞洲這些有待開拓的地區傳播福音。這是利瑪竇等人在五十年後來華的一個源起。

1497　達伽瑪（Vasco da Gama）繞過非洲，找到印度。
1544　葡萄牙人初航臺灣近海，以美麗之島－福爾摩沙(FORMOSA)讚美臺灣。
1588　西班牙無敵艦隊進攻英國失敗，自是英國取代西班牙成為海上強權。
1600　英國設立東印度公司；日本德川家康時代開始
1605　塞萬提斯的《唐吉訶德》
1619　第一批黑奴抵達美國
1637　笛卡兒：「我思故我在」
1719　丹尼爾狄福出版《魯濱遜漂流記》

英國十六世紀哲學家培根寫過《論旅遊》，認為旅遊是人所必需的教育。

1519　9月，麥哲倫率領一支由200多人、5艘船隻組成的浩浩蕩蕩的船隊，從西班牙塞維利亞城的港口出發，開始了環球遠洋探航。1521，船隊抵達菲律賓時，麥哲倫死於和當地土著的一次衝突。次年，他的船員還是完成了人類第一次環球一周的航行，證明了地球確實是圓的。

1576　法國波丹（Jean Bodin）：《國事六講》，首先揭櫫西方民族國家的觀念。後來民族國家取代朝代國家的概念後，國家領土疆界的觀念也跟著起來。人的移動，開始有諸多限制。

1609　荷蘭人派遣英國人亨利．哈德遜到北美洲尋找通往亞洲的航路，結果進入了「哈德遜河」，促成荷蘭人在紐約的殖民。1620年，一群英國輕教徒，從英國的普里茅斯港乘坐五月花號，到達現在北美東北部，麻薩諸塞州的地方定居。英國後來取代成為荷蘭，成為殖民北美洲的主要國家。

1865年（同治四年），英商在北京宣武門外造一里長小鐵道，試行小火車，群情驚駭，馬上遭到拆毀，這是火車進入中國之始。1876　怡和洋行在蘇州河邊建中國第一條鐵路——吳淞鐵路，離世界第一條鐵路之誕生相差46年。但建好之後，反對聲音高漲，認為鐵道會破壞風水，驚動祖靈，招致旱澇之災，於是由盛宣懷負責出面，向英商買下之後再拆掉，火車和鐵軌則送去沉進台灣今天的高雄港。12年後，1888年，李鴻章在皇宮裡建了一條1500公尺的小鐵路，讓慈禧太后和皇親戚開了眼界，才得以真正修建鐵道。中國境內造的火車及在中國鐵道上行駛的最早紀錄，是光緒八年的唐胥鐵路。

西洋文化與知識，到康熙年間還一直透過傳教士進入中國。後來，因為天主教教皇敕令中國信徒不准祭拜祖宗，康熙就下令把教皇派來的公使送到澳門監禁。到雍正元年，更徹底把所有洋人都送往澳門監禁。中國自此進入兩百年的閉關期。

1836（道光十五年），英國渣甸號來中國，是中國海上第一次有輪船。咸豐八年，英法船隻航行於長江，是中國內河第一次有輪船。在輪船之下，中國的帆船勢微。咸豐年間，帆船有三千艘。同治年間，只剩四百艘。同治十一年，成立輪船招商局，當年福星號第一次航行中國海上。同治十二年，招商局的永寧號，是第一次航行於中國內河之始。

1668　康熙關閉山海關，封禁東三省，因而其後漢人要移民到關外，都稱「闖關東」，咸豐十年（1860），此禁取消。

1718年，康熙用洋人之法測繪《皇輿全覽圖》，歷時十年而成，以西洋銅版刻印。

1763-1803　李汝珍《鏡花緣》

1862	清廷在北京設立同文館，翻譯出版西方著作	1895	清政府創辦郵政
1853	太平天國定都南京	1894	甲午戰爭
1848	徐繼畬著《瀛寰志略》	1887	臺灣鐵路由巡撫劉銘傳奏請興建。
1846	魏源著《海國圖志》	1879	開始有電報
1840	鴉片戰爭	1872	清廷選派第一批留學生出國。

清

1700　　　　　　　　　　　**1800**　　　　　　　　　　　**1900**

1769　倫敦菲利普斯・艾特雷馬戲團（Philip Astley School），史載第一個馬戲團。
1776　亞當・斯密發表《國富論》，倡導自由貿易主義。同年，美國獨立。
1796　約翰菲奇開始試驗世界上最早的螺旋槳推進器輪船。
1825　史蒂文生(George Stephenson)完成第一條以蒸氣為動力的大眾鐵路。

1769　瓦特大幅改良蒸氣機，不只為工業革命揭開序幕，由於蒸氣機的多方面用途，後來用到船上，成為新式輪船之始，使得海上交通工具航行的速度及範圍都遠超過以往的帆船時代。輪船為西方十九世紀向全球擴張的殖民主義打開了重要的一扇門。

十九世紀英國浪漫主義，以湖區詩人為始。沃茲華斯、柯立之、狄更西和濟慈等湖區詩人不但使湖區成為大家渴望的一個去處，並且也由帶領起步行的風潮。在此之前，步行是西方社會裡下級人才會做的事。

1829年，「Boston's Tremont House」則首創提供旅客宿房間私人鑰匙、熱水及浴廁設備，同時有行李員編制，號稱「當代旅館工業之始祖」。

1840　導遊的經銷與開拓者：英國人庫克（Thomas Cook），以安排在英國境內特價火車遊覽而開始。

1831年，法拉第發明發電機，對其後各種移動工具之發展，居功厥偉。

1845　亨利梭羅《湖濱散記》
1852　法國商人布希可（Artisitde Boucicaut）創立「便宜百貨公司」（Bon Marche）。百貨公司開始成為都市人一個移動的方向。
1857　第一個登山俱樂部在倫敦成立
1859　達爾文出版《物種起源》
1863　倫敦，誕生全世界第一條地下鐵，名為TUBE。
1863　溜冰鞋發明
1865　《愛麗絲漫遊仙境》出版。
1869　蘇伊士運河開通
1872　凡爾恩：《環遊世界八十天》
1876　貝爾申請電話專利
1879　愛迪生發明電燈
1891　第一張美國捷運旅行支票取得版權。

1885戴姆勒（Wilhelm Daimler）發明可以使用汽油的內燃機，同年卡爾・朋馳（Karl Benz）則創造了三輪汽車，開始了汽車的時代。內燃機的發明，不只如此，對接下來機車、飛機等各種交通工具的出現都有關鍵性的影響。

1817　德國人馮索布魯（Sauerbronn）發明木製腳踏車。1861　英國人史塔利（James Starley）製造現代型態的腳踏車。

1876年，法國為慶祝美國100週年國慶，送了禮物「自由神像」。從十九世紀下半開始，美國崛起，逐漸取代英國的地位。美國的經濟先是由東部小規模的農業開始，並且因為領土的不斷擴展，加上十九世紀後半橫貫美洲大陸的鐵路的出現，觸發了各種致富的機會，因而吸引許多人往那裡移動開始，一直到今天，美國持續以移民的天堂而聞名。

1883年，「東方特快車」行駛自巴黎到保加利亞，是世界上最舒服的鐵路之旅。西伯利亞鐵路1905年建成通車，為世界上最長的鐵路。

1894　人類歷史上第三次大規模鼠疫，從中國經香港傳到世界各地，1910-1911在東北再爆發一次，詳見本書第82頁。

1905年，詹天佑任京張路會辦兼總工程師，四年後通車。並研製出火車自動掛鉤，命名為「詹天佑鉤」。

日據時代，1901　台灣淡水線鐵路開始營業，1908　台灣南北縱貫鐵路全線通車。1911　阿里山登山鐵路通車，東部鐵路全線通車。1913　第一條較現代化的公路修築完成。

劉鶚（1857-1909）的《老殘遊記》1906年寫成。

馮如（1883-1912），廣東恩平縣人。1903年，得知萊特兄弟發明飛機後，決心要依靠中國人的力量來製造飛機，1909年開始製造飛機，1910年飛行表演成功，是中國人造的第一架飛機。1912年，馮如在廣州飛行表演中不幸失事犧牲。1911　秦國鏞在北京試飛，是中國人首次在國內架機升空。次年，留學英國的厲汝燕，首次在上海飛行。

1909年，法國人環龍（Vallon）在上海用蘇姆式雙葉機試演，是飛機第一次進入中國領空。1910年，清政府向法國購買了第一架蘇姆式雙葉機。

1912　中華民國成立，郵傳部改為交通部。

進入十九世紀後半之後，因緣際會，上海成為財富夢想的實現地，不但成為中國人，也是世界各地人的一個移動嚮往地。上海不僅成就了各種行業的發展與人物，這些人物在1949之後再度往香港與台灣移動，還給這兩個地區在日後的發展保留了實力與基礎。

清末，南部沿海各省，出現往南洋移民的高潮。

進入二十世紀之後，中國陷入不斷的戰亂。先是有民國與帝國之替換，接下來有北洋軍閥之間的戰爭，北伐，對日抗戰，以及戰爭結束之後隨之展開的國共內戰。長期的戰亂，各種移動以及隨之而來的悲歡離合發生。其中尤其以八年抗戰形成中國人口大移動的高潮。

1919年，五四運動，給中國人的思想上，以及生活各個層面上都產生了極大的衝擊，在女性的自覺及行動上尤其有重要影響。

1945　日本投降。二次大戰結束。
1944　錢鍾書寫《圍城》：「城外的人想衝進去，城裡的人想衝出來」。
1922　中國民航機首次發生空難事故。
1919　魯迅＜生命的路＞：「什?是路?就是從沒路的地方踐踏出來的，從只有荊棘的地方開闢出來的。」

1900　　　　　　　　　　　**1920**　　　　　　　　　　　**1940**

1903　哈雷機車成立，到60年代成為自由奔放的機車的代言人。
1905　愛因斯坦發表特殊相對論
1912　鐵達尼號沉沒
1914　巴拿馬運河通航

威爾斯（H.G. Wells）1895年寫作《時光機器》，開始人類跨越時空的旅行想像。

1857年，奧蒂斯在紐約安裝了世界第一台商用升降梯，以蒸汽機為動力。世界上第一台電動升降梯──電梯，是德國西門子於1880年發明的。電扶梯直到1921年，才由奧蒂斯公司研製出來。

西方世界人行道，街燈，街名，建築物號碼，溝渠，交通規則，交通號誌燈，都是晚近的發明。使用電的紅綠燈（traffic light）首先出現於1914年美國克里夫蘭州。

人類移動進入天空的努力，自十九世紀下半的各種熱氣球嘗試後，在進入二十世紀後，終於以發明飛機而進入一個高潮。 1903年美國萊特兄弟第一次試飛成功，相同時間發明飛機的先驅還有巴西人山多杜蒙（Alberto Santos Dumont）。1907年貝里略（Louis Bleriot）製成第一架單翼機，成為第一個飛行英吉利海峽的飛行員。1914年，第一家提供定期航班的飛行公司出現在美國。1927年林白飛越大西洋。但是飛機要成為普及全世界的交通工具，還要再後一些時間。

1903　福特汽車公司正式開業。1908，建立汽車生產線，開始推出大量普及的T型車。接著美國的柏油路、高架橋、高速公路系統的建設，都環繞著汽車的普及而展開。不只如此，他們經濟與生活、居住的型態，也都隨著汽車而發生變化。而這些變化，將再隨著美國文化傳播到世界各地。
1911洛克斐勒的標準石油公司，在反托辣斯法下被拆成34家公司。

1921　德國首先出現全國高速公路系統。
1922　喬伊思：《尤里西斯》
1929　吳爾芙發表《自己的房間》
1930年代，美國開始出現在汽車裡觀賞的戶外電影。

現代護照開始於第一次世界大戰期間，紀錄是1915年。1920才通過所有國家使用小冊子形式的護照。

二十世紀開始，進入極地的探險成為人類挑戰的移動夢想。先是1909　美國人裴瑞首先踏上北極。1911　挪威人阿蒙森和英國人史考特競爭征服南極，最後阿蒙森搶先。1914　薛克頓率隊橫越南極大陸但沒成功，但他領導船員在南極度過700天，最後全體安然歸返。

20世紀前的歐洲，因為褲子是剛毅和男性的象徵，所以女人只能穿裙子，不能穿褲子。1911年，法國時裝界，為女性設計的長褲之風漸露端倪。1914年，第一次世界大戰爆發之後，男人上了前線，歐洲的女人開始走出家庭。女人去工廠接任男人的工作，長褲成為方便而實用的衣著，是近代女性開始方便行動的一個開始。

1930年代，英國作家詹姆斯希爾頓的小說《失去的地平線》（1933）描寫了中國西南一處名叫「香格里拉」（shangrila）的地方。1997年9月14日，中國雲南省宣布香格里拉在中國雲南迪慶藏族自治州。

1931　小王子作者聖修伯里完成《夜間飛行》。1943創作《小王子》。1944年為了製作地圖，擔任空中攝影任務，失蹤。
1936　英國女飛行家白芮兒·瑪克罕，在加拿大新斯科細亞墜機。

2003　SARS肆虐中國大陸、香港、台灣

1951台灣開始「耕者有其田」。其後發展加工出口區，再推廣家庭副業經濟，全力推動出口帶動的經濟成長，也開始由貿易而帶動的各種對外、對內的移動，終於1979年開放出國觀光。進入1980年代，台灣的財富展現起飛的力量，對外的移動也展現更多元化的發展，以1987年解嚴，並開放大陸探親為高潮。自此，移動在台灣徹底自由，而往大陸發展的台商，則開始一波新的人口移動潮流。

中華人民共和國成立之後，長時期展開各種政治運動，1951「鎮壓反革命運動」，52「三反五反」，54批胡風，56「百花齊放，百家爭鳴」，57反右，58「大煉鋼、人民公社、大躍進」，59三年自然災害開始，64「農業學大寨」運動，然後以1966文化大革命為最高潮。文革十年中，上山下鄉的號召，再度造成人口的大規模移動。之後，到1980年代改革開放，開始有了人口往都市回流的移動，以及再向國外的移動。

1960年代起，台灣出現赴美留學熱潮。同樣的留美熱潮，在三十年後又出現在大陸。

1949　國民政府退至台灣，大批軍民隨之移入台灣。

1934年10月，在蔣介石第五次圍剿下，中共終至潰散撤退，從贛南「轉進」陝北，開始為期一年、共計二萬五千里的「長征」。

1989　台灣首次引進外勞。1991開放民間申請。
1987　台灣政府宣佈解嚴，開放一般民眾赴大陸探親。亦開放大陸人民來台探病。
1981　中國首次將火箭將三顆不同用途的空間物理探測衛星送入太空。
1979　台灣開放出國觀光。

1949中華人民共和國成立

1960　　　　　　　　　　　**1980**　　　　　　　　　　　**2000**

1953　人類登上聖母峰
1955　矽谷開始成立，日後將成為資訊時代人類移動的一個焦點。
1955　李維－史陀（Claude Levi-strauss）著《憂鬱的熱帶》。
1960年代滑板開始風行。
1961　柏林圍牆建立
1964　日本新幹線，高速鐵路的先驅。後由法國TGV超越，1981年開始使用。

1955　傑克·凱魯亞克（Jack Kerouac）創作《旅途上》一書，成為美國「垮掉的一代」的代言人。接下來，60年代不但嬉皮與反戰運動導致的各種跋涉與移動，還有迷你裙、迷你褲等宣告新一代移動概念的服裝。

1945年越戰開始，1965年，美軍介入越戰。1975年，越戰結束。

1957　蘇聯發射第一顆人造衛星，從此人類又展開往太空移動的競爭。1961　蘇聯成功地發射了第一顆載人衛星，加加林成為進入地球軌道的第一人。急起直追的美國，終於在1969年以太空船阿波羅11號登陸月球，阿姆斯壯（Neil Armstrong）成為登上月球的第一人。

1957年，歐洲經濟聯盟成立，到2000年歐體成立，2002　歐元誕生：歐洲人在謀求一個更緊密的結合。

1969　克拉克《2001：太空漫遊》出版
1969　英法協和式客機第一次飛行。
1970年代　衛星導航系統取代了廣播導航方式。
1973　第一次石油危機
1974　三百萬年前的人類露西（Lucy）的骨骸發現
1979　Sony公司推出世界上第一台Walkman。
1985　任天堂電視遊樂器上市
1989　柏林圍牆倒塌
1997　無人探測器登上火星
2001　先前神秘代名「薑」的Segway人力運送車問世。
2002　第一個一般人上太空，是南非商人沙特爾沃斯（Mark Shuttleworth）

1977　美國航家2號有史以來最成功的探測衛星。1979年到達木星，1981到達土星，1986抵達天王星，1989抵達海王星。

1968　ARPANET公布，網際網路時代誕生。1971 APARNET開始傳送第一封電子郵件。人類開始進入網路移動的時代。1984吉布生（William Gibson）在小說Neuromancer中第一次使用Cyberspace一詞。但是要到1990年提姆柏納李（Tim Berners-Lee）創造了WWW之後，網路才開始真正日益普及。

流動—根著的辯證

沒有根著做對照，流動就失去意義。從政治、經濟、社會、文化等不同面向著手，我們可以勾勒出流動——根著多樣的互動關係，以及影響它們的結構性力量。

文／王志弘

電腦網路無遠弗屆，飛航旅行習以為常，流行時尚推陳出新，世界商品隨處可見，文化影像流轉全球，甚至於感情婚姻輕易分合，置身如此多變不定的氛圍裡，我們很容易將當前時代的特徵，附著在以「流動」（flow, fluidity）為核心的現象上，涵蓋商品交換、人員交通、資訊交流與金錢交易的各種流動。

流動可以伸展出一整套相關語彙，諸如移動、運動、速度、加速、遷移、旅行、流浪、流離、越界、輕盈、活潑、輕快、轉瞬即逝、變幻莫測、新穎、進步、不穩定、不確定，乃至於混亂不安。我們也很容易舉出與之相對的另一組字眼，例如土地、家園、疆域、邊界、穩定、固著、緩慢、凝滯、守舊、傳統、穩重、沉澱、長遠、秩序等等，或許可以用「根著」（rootedness）來概括。此處流動與根著的對立，甚至可以延伸到哲思上流變（becoming）和存有（being）、時間與空間、物理上流體與固體、生物學上動物與植物，乃至於人類性格裡好動與恬靜的對照。

流動趨向是否真是無可置疑？根著世代已然一去不返，徒留思古幽情？只稍注意流動現象必然附隨的根著面向，便可了然：網路四通八達，但身體依然安坐螢幕之前，不因虛擬幻想而消失；即便慣於旅行流浪，對安居家園的思慕總揮之不去；流行時尚常有懷舊風氣，異國商品難掩復古滋味；全球文化流轉與在地歷史傳承相抗又相隨；國族疆界因各種流動而鬆動混淆，但國家統治機器的形影從未消失；情感變化無常，引發對堅貞情愛的嚮往。所以，流動與根著之間並非取代的關係，而是彼此錯落糾纏。

再者，流動和速度經常涉及了權力，無論軍事力量、政治控制或巨商豪賈，掌握流動似乎向來是其權力根源。相形之下，根著顯得退縮或居於守勢，無法變動是屬於底層的命運。不過，中國歷代帝王不僅修建馳道以調兵遣將鎮壓變亂，也構築長城抵禦遊牧民族；低買高賣的商家除了交通各地有無，也要有穩固人脈和存貨倉庫；旅行各地的高層菁英，也擁有固若金湯的

連接流動和根著的象徵產物——鑰匙。最古老的一把鎖可以追溯到約四千年前，埃及人所用的一種木造插鎖。無論是木的還是現代各種設計精密的鑰匙，作用都是在人於門外「流動」期間，保障他們在門內的「根著」不動財產不被偷走，而發展出來的一種技術。

長城經過歷代不斷修建，使中原的經濟、政治及社會得到穩定發展；另一方面，長城的西部還對開發西域屯田、保護通往中亞的「絲綢之路」，以及和歐亞各國的經濟和文化交流起了重大作用。這個古代遺留下來的防禦工程，見證著中國二千五百多年來，「流動」和「根著」兩者彼此的錯落糾纏。

門禁家園。另一方面,社會弱勢的處境不僅彰顯於缺乏移動能力,也在於經常不得不遷徙移動,無法掌控屬於自己的固著領域。因此,權力並非單純展現於流動,而是指涉更複雜的主動調配流動與根著狀態的能耐。

流動─根著模式的歷史變動

我們不能簡單的描繪從脫離根著到流動不居的線性發展,反而看到了根著與流動的盤根錯節,彼此交纏。即使有交通往來、資訊傳遞,以迄日常生活節奏的加速現象,根著的心境和社會構造並未消散,而是以不同的方式存在。或許,我們可以提出一個不同的觀點,把流動和根著當作人類生存與社會運作一直存在的基本軸向,共同組成了「流動─根著模式」。

流動─根著既是模式,就有相對穩固的運作邏輯和機制,但它顯然也不是恆久不變的結構,而有隨著內部多重矛盾因素而變化的動態,以及積漸而成或危機劇變的模式更替,演為不同歷史時期的流動─根著型態。

我們置身流動看似較佔上風的時代,當根著的心情浮現之際,不免興起何以致此之歎。即使僅就理解日常生活漸趨移動的感受和情境,也值得從流動─根著模式的歷史變化,追究當代社會的形構和趨向。簡言之,我們或可從某些結構性力量的演變,探究社會流動─根著

模式的興替。這些結構性的力量，大致可以從經濟、政治、技術、社會和文化等幾個方面來談。

資本主義的不均等邏輯

生產的不斷變革，一切社會關係不停的動盪，永遠的不安定和變動，這就是資產階級時代不同於過去一切時代的地方。一切固定的、古老的關係，以及與之相適應的素被尊崇的觀念和見解，都被消除了，一切新形成的關係等不到固定下來就陳舊了。一切固定的東西都煙消雲散了，一切神聖的東西都被褻瀆了。人們終於不得不用冷靜的眼光來看他們的生活地位，他們的相互關係。

《共產黨宣言》裡這段已成經典的引述，不僅指出了資本主義的生產關係與追逐利潤的積累邏輯，正是當代社會變動的終極原因，也說明了這種經濟力量在文化、觀念與整體生活方式上的迴響，亦即現代性（modernity）的興起。馬克思（Marx）與恩格斯（Engels）認為追求利潤、加速積累，而加快資本周轉時間的發展趨勢，其具體表現就是「以時間消滅空間」：藉由運輸與通訊技術的發明，摧毀了空間的阻礙，加速了勞動力、資本、商品和資訊的流動。

這個由封建傳統的穩定和束縛，邁向近代動盪社會的巨變，也是另外兩位古典社會理論家關

黃子明　攝影

切的重點。韋伯（Weber）以理性化和科層官僚體制來掌握現代社會的成就與困局，實際上點出了工具理性作為抽象思維和組織邏輯，發揮了脫離具體特殊情境的考量，摧毀一切根著的力量。涂爾幹（Durkheim）以社會分工和失序（anomie）來理解社會變化，展現了人群組織關係由傳統價值情感，轉向功利聚合的趨向，也凸顯了一種破壞凝滯、變動不居的流動情境。

　　不過，如果著眼於流動與根著的辯證，而非流動替代了定著，那麼熊彼得（Schumpeter）「創造性破壞」（creative destruction）的觀點，或許更為適合。地理學者哈維（David Harvey）曾經借用這個概念，指出資本主義與都市化動態的關聯：面對資本主義週期性發生的資本與勞動力過剩的危機，尋求利潤的資本常會投入營造環境的創造性破壞，亦即摧毀既有的不符合發展的空間紋理，創造新的都市與區域景觀（例如興建高速公路、機場、市區辦公大樓與郊區住宅開發等）。這一方面可以吸收過剩資本並獲取暴利（形成房地產投機），另一方面也替下一波的經濟熱潮，提供合適的基礎設施和空間條件。換言之，資本主義的動態並非漸趨流動和破壞任何前行的阻礙，而是在其謀求利潤的動力下，既有超越突破，又有創造建設。

　　除了時間軸上流動與根著的交替外，資本主義的動力也展現在空間層次的不均等發展（uneven development）。一般以為落後的地區是因為現代化或工業化不足，只要發展得宜，引入各種技術與資金的流動，自然能迎頭趕上。這裡預設的也是漸趨流動的單線思考。然而，不均發展其實是資本主義生產方式的基本地理表現。這裡反映的不僅是成長的不均衡，各處的不均發展反而是構成資本主義發展的必要面向，是整個開發過程積極造成的結果，而非單純的忽視或落後。

運輸與通訊工具的演進，重新定義了時空。台北捷運開通後，帶來的不只是空間結構的改變，也帶來新的生活型態。捷運每日的旅次逼近百萬，高運量與高效率的流動，支撐了一個資本社會的運作。

　　簡言之，資本追逐利潤，而利潤必須仰賴差異，無論是人工、原料或市場價格的差異，或是不同生產內容（製造品或農產品）的分工，都是資本能夠創造差額利潤的泉源。一地的發展經常造成其他地方的不發展或低度發展（underdevelopment），例如新進國家的繁榮是以第三世界或南半球國家的貧困為代價。這是個對立但彼此連結的過程。以本文的概念來說，就是某地流動能力的提升，是以其他地方和人群移動性的低落或固著為代價，但這是整體過程無可分割的部分。

　　我們可以再借用社會學家柯司特（Castells）的流動空間與地方空間概念來理解資本主義驅動下，流動與根著對立又相隨的機制。流動空間是當前企業組織的主要邏輯。藉由資訊技術之助，組織得以依其便利和牟利的需要，選擇全球各處適合的地方配置各種功能（總部、研發、製造、倉儲等），同時利用資訊通訊網絡串聯起來，加以指揮控制，並視需要移轉陣地，投入或撤退資金。另一方面，大部分人的生活卻處於獨特歷史和社會條件所交織構成的地域，受到各種政治、傳統與文化體制的牽絆和支持，是謂「地方空間」。

　　當前的社會衝突與矛盾，便是擁有支配流動和根著之配佈模式的群體與資本，挾其流動空間

的創造性毀滅力量，穿透了地域和地方，令其喪失操控命運的主動性，而按照掌有權力者的需求來連結上特定流動網絡，或是脫落在發展的動態網絡之外，成為根著的孤島，從而展現為各處不均發展的社會型態。

台灣歷史與各種模式

回溯台灣四百年來的歷史，可以清楚看到由資本主義所催動的流動—根著辯證。荷蘭於1624年佔有台灣作為東亞貿易的根據地和轉運站，將台灣納入了荷蘭東印度公司的帝國網絡裡，捲入了第一波西方殖民的動盪。但荷蘭也在台灣修築堡壘、治理漢人與平埔族，整編為特殊的根著模式。清領初期台灣重回封建帝國，成為漢人農業拓墾的根著邊陲，逐漸替代了原住民的遊獵經濟，但也發展了兩岸的貿易和遷移往來，後期更以茶、糖和樟腦的貿易，進入國際經濟的流動網絡；從原鄉帶來的地緣意識（舊根著的移動），在移民墾殖社會裡因為爭奪生存資源而成為展開分類械鬥的陣線，也在土著化的歷程裡，消散成為在地的宗族觀念（在地的新根著）。

日治時期殖民現代性下，台灣成為日本帝國的糧食供應地與南進基地，位居東亞共榮圈夢想的網絡節點，也在本島構築了以近代教育、運輸、產業和行政體制為穩固基礎的新言行和心態。戰後台灣以中小企業為主體的外銷導向經濟發展，已經是耳熟能詳的故事。從城鄉移民、學子留

洋，到台商出入東南亞和大陸，經濟所催動的流動方向不一，日趨多樣。但隨著威權統治與中華國族意識形態鬆動，1970年代鄉土文學論戰以來對本土文化的關注也日益顯著；社區總體營造、鄉土與母語教學，以及地方文化產業等，莫不以強調在地鄉土意識，構築新根著心性為尚。台灣史就在各種流動─根著模式的興替交疊間展布開來。

流動─根著的國家組構和控制

　　經濟營生之外，流動─根著模式的演替，還受到國家形構的驅策，在近代國族國家（nation state）的形成裡扮演核心角色。前現代的封建政體不以精確理性的治理為特色，而是以特殊的身分義務和文化信念為羈絆，對於土地人民與移動的控制，大體而論言行難以一致。例如清領時期雖三令五申兼以重罰，但封禁台灣海疆與漢番邊界的律令，也難阻擋閩粵移民的大舉開發。中華帝國的文化理想，還以寬容兼納原則，接受非我族類的臣服融合。現代國族國家則相反，採取嚴密的排斥原則，鞏固國家、種族與文化的疆界。出入境要有護照簽證，境內有各種戶口登記制度，定期有人口遷移普查、工商統計和社會調查，區域與都市發展皆事先構作計畫，作為政策擬定與監視控制的基礎。日本殖民時期的政治體制，便據此建立了戰後台灣國家機器的規模。

香港中環匯豐銀行，該區每逢星期天便聚集數以萬計、離鄉別井來港打工的菲傭。她們在那裡舉行各種社交、商業活動，像宗教崇拜、外幣兌換賺差價、貨物寄存倉等等。在流動─根著的模式中，外來的菲傭勞動力，使當地無數的女性從家庭的束縛中解放出來，顯示「不同位置上不對稱的社會關係」。

　　現代國家一方面將人民置於嚴密的流動與根著的治理架構中，另一方面肆應資本主義經濟持續發展的要求，介入各種基礎設施如道路、港口、機場、水利和電訊的建設，佈置了流動的管道。同時，國家也必須照顧一般民眾的基本需求，以便維繫統治的正當性，展現為教育、醫療、警消及其他福利的供應。這一切都展現了國家不僅是統治機器，也是調派各種公共資源，以便構築特殊流動─根著模式的中介者。

　　時人常謂，全球化風潮削弱了國族國家的管制力量。金融投資、合法非法移民和貨品，乃至於技術、資訊與觀念，大規模出入國境，難以抵擋，似乎宣告了國族疆界將臣服於流動驅力。但東歐與前蘇聯的國族獨立戰火、伊斯蘭文明的激烈抵抗，以及紛雜的反全球化力量，也展現了根著無可輕忽的耐力。國族國家塑造和管制我們日常生活之流動─根著模式的核心地位，短期內應不會變動。

鑲嵌於社會關係中的流動─根著技術

　　若超越經濟與政治，放眼技術與其所建構的人類─物質關係，透過技術工具而不斷加速流動的歷史似乎顯而易見，其理至明。荷鄭的大帆船和牛車，清領末期的電報和鐵路，日治的縱貫鐵公路，戰後密佈全島的公路網、都市捷運、民航與高鐵，以迄行動電話和網際網路，這一路交通傳播的技術發展，也伴隨了各種根著技術的進展：堡壘城池、水旱田園、城市建築、土地測量、人口治理，以及各種日益精密的鎖鑰。再者，技術發展並非純屬天才發明創造，而是前述資本主

義經濟與近代國族國家的構造及進程的一部分。特殊技術的發明和利用，脫離不了經濟與政治的發展脈絡。

此外，此處也必須考慮技術對於不同人群的差別衝擊，亦即技術乃鑲嵌於社會關係之中。不同性別、階級、族群、種族與年齡等社會分界，區劃了人群的權利義務、經濟命運與文化想像，在流動－根著的模式裡佔有不同的位置，遭受不同的影響。

以性別為例，傳統父權體制下女性拘限於家庭，無法自由出入公共空間的經驗，迄今還是許多婦女的處境。男兒志在四方，女子隱身閨閣，性別之間權力關係的不平等，具體展現於移動能力的高低和規範。雖然經濟蓬勃發展需要大量勞工，吸收婦女進入就業市場；國族統治模塑國民身分，包納女性接受義務教育；加以女性主義和運動的奮鬥爭取，改變了女性原本偏於根著的存在模態。然而，性別關係的不均等依然清晰展現於大眾運輸（公車、捷運）裡極高比例的女性乘客，以及小汽車偏低的女性駕駛的對比。在整體的政治與經濟情勢中，女性經過技術所中介的特殊流動－根著模式，依然是僵固的性別角色與難稱均等的權力關係的表現和憑藉。

又以階級和族群為例。台灣中產階級投資餘錢於變換不定的股票基金，閒暇旅行異國觀覽風光，平時駕車日處奔忙，手持電話運籌帷幄，但總是回到門禁森嚴的社區住宅。家中的外籍幫傭離鄉背井遠渡重洋，但平日困守雇主家中操持家務，唯有晚間倒垃圾時群聚聊天，趁便打電話回鄉敘情，假日則據守城市交通商業樞紐。同一屋簷下階級和族群各異的這群人，置身於不同但交疊的流動－根著模式之中，彼此隔絕的不僅是移動能力的差異，還是不同位置上不對稱的社會關係。

流動－根著的情感與慾望結構

流動－根著的辯證動態不以政經結構和技術物質為限，也不囿於可見的社會互動關係。流動－根著既是吾人存在條件的基本軸向，自然有其情緒感受的層次，觸及了人類流浪冒險與安土重遷的雙重慾望。流動－根著模式有其情感和慾望的結構，並表現於繁複多樣的文化形式之中，歷代繪畫、歌曲、文學、表演，皆不乏這依違兩方的主題。現代主義藝術風格意圖表達倏忽變幻的存在氛圍，鄉土文學與自然寫作感懷土地的深情倫理，旅行書寫常糾葛於驚奇與厭煩、冒險與思鄉的徬徨。這一切，莫不有深切又充滿矛盾的人類慾望與情感孕育其中。

若語言是我們的居所，是構成吾人思想的內涵，而非映照現實的透明媒介，那麼，各種論述、符號、象徵、再現、意象所構築的語言王國，便不是政治經濟實體的被動鏡像，而是積極構築社會運作與歷史進程的關鍵因素。如此，流動－根著辯證的文化／語言／想像形式，亦非單純的映現資本動態、國族操縱，技術演變，而是我們今日與未來必須不斷與之協調、受其限制、創新打造的流動－根著模式裡，無可或缺的向度。 ■

台灣十年來的各種移動變化

66.51% 入出國境

2002年我國入出境人次計2,037萬，較10年前（1992年，1,223萬人次）增加66.51%。男性59.29%高於女性40.71%。外國人士計468萬人次，較10年前增加41.93%。

751萬 出國觀光

1979年政府開放國人出國觀光，當年出國人次為32萬，1987年首次突破百萬。

2002年國人出國人次為751萬，較10年前提高78.12%。首站抵達的洲別，以亞洲84.23%佔絕大多數，其次為美洲8.92%、歐洲3.26%。依國家、地區而言，第一名為香港258萬，其次為澳門127萬、日本80萬、美國54萬。10年前前四名為香港、日本、泰國、韓國。

273萬 來台旅客

2002年來台旅客人次為273萬，較10年前提高45.54%。居住洲別依序為亞洲77.46%、美洲14.93%、歐洲5.39%。依國家、地區而言，前三名分別來自日本99萬、香港44萬、美國35萬。

39.8萬 在台外僑

2002年在台外僑居留人數為39.8萬人，較10年前的4.4萬大幅提高795.89%。女性59.87%高於男性40.13%，和10年前（男性65.56%、女性34.44%）迥然不同。依職業類別排列，勞工最高，所占比例72.46%較10年前25.35%大幅提昇。其餘依序為教師、商務人員、工程師、傳教士。

30.4萬 在台外籍勞工

1989年政府為推動重大工程，首次引進外勞。1991年開放民間申請。

2002年我國外籍勞工人數為30.4萬人，較10年前的1.6萬大幅提高1807.08%。女性55.82%高於男性44.18%；在國籍方面，泰國11.2萬最多，其次為印尼、菲律賓。

20,107人 外籍配偶（不含大陸人士）

2002年登記之外籍配偶計20,107人，平均每8.6對結婚者中有一對為中外聯姻。

外籍配偶合法在台居留人數共計65,284人。女性配偶91.97%遠高於男性配偶8.03%。依國籍分，男性配偶前三名為泰國籍35.48%、日本10.95%、美國籍10.04%；女性配偶以越南籍63.93%最高，其次為印尼15.60%、泰國籍5.92%。

海外華僑 3,580萬人

至2001年，我國華僑人數為3,580萬人，較10年前增加192萬人。分佈區域以亞洲2,782萬最多，其次為美洲（612萬）、歐洲（97萬）、大洋洲（75萬）、非洲（14萬）。以國家區分，亞洲國家華僑人數前三名為印尼716萬、泰國686萬、馬來西亞575萬。美洲前三名為美國301萬、秘魯130萬、加拿大116萬。歐洲地區前三名為英國27萬、法國23萬、荷蘭14萬。

出國留學生 32,016人

2002年我國學生主要留學國家（簽證）人數為32,016人，較10年前提高49.37%。前往國家以美國13,767最多，其次為英國9,548、澳洲2,984。10年前排序為美國、日本、英國。

在台外國留學生 7,331人

91年度（2002-2003年）在台外國留學生為7,331人，超過100個國家，以亞洲人69.78%佔絕大多數。來自國家以日本1,832人最多，其次為韓國1,223、印尼961、美國849。

1987年 兩岸交流

1987年，政府宣布解嚴，開放一般民眾赴大陸探親，亦開放大陸人民來台探病奔喪。1992年開放大陸配偶得申請來台居留。

一大陸配偶居留

2002年核准大陸配偶來台居留人數為7,104人。

一大陸人士入出境

2002年大陸人士入出境人次計30.9萬，較10年前的2.4萬大幅增加1172.29%。

一國人赴大陸地區

2002年國人申請台胞證人次達366萬人次，較10年前的132萬提高177.79%。

499萬 機動車輛

2002年我國小客車登記數為499萬，較10年前增加72.04%。機車登記數為1,198萬，較10年前增加56.66%。

859萬 上網人數

1996年我國上網人數為60萬，普及率3%；2002年提升至859萬，普及率38%。∎

資料來源：內政部、交通部、教育部、警政署、勞委會、僑委會、資策會、大陸國家旅遊局。編輯部綜合整理。

多動的中國
由靜到動的文化轉變

文／薛綬

　　清末名臣胡林翼，有一個流傳很廣的故事。對太平天國之戰的後期，胡林翼一日巡視長江沿岸，正爲敵消我長之勢而感欣慰之際，突然大喝一聲墜馬。江中一艘西洋新式火輪，逆流而上，其勢如飛，中國船舶無能望其項背。據說胡林翼日後吐血而亡，肇因於此。

　　憂心西洋力量東來所產生的衝擊，胡林翼是很戲劇化的一位，卻絕不是最後一位。近代之前，有很長一段時間，中國是處於緩慢的步伐之中。胡林翼死的那一年是1861年，大約從那之後，有識之士莫不紛紛提出各種富國強兵之計，用今天的話來說，就是要設法使國家動起來了。

　　之後這一百五十年的歷史，中國的歷史的確可以說是一部動的歷史。有戊戌變法這種動，有辛亥革命這種動；有五口通商這種動，有留學生放洋這種動；有五四運動，有新生活運動；有白話文運動，有羅馬字運動；有對日抗戰這種動，也有國共內戰這種動。中國的社會，或被動，或主動；或政治，或經濟，就在不停的動之中。國家與社會如此，身處其中的個人生老病死、悲歡離合的動，就更不在話下。中國文化的本質，應該是注重靜止的。一切的動，是相動於靜的概念。但是這一百多年來，我們在各種影響之下，使得自己的文化產生了質變。

50年代後的大陸

　　中國大陸解放這五十年來的歷程，尤其是個很好的代表。

　　首先，我們可以看，自1949年之後，中國大陸的整個社會，就一直處於一個動的狀態，甚至可以說崇尚動的狀態。

　　解放之後不停的動，可以用下面一些年份的大事來說明：

　　1952、53年，動的是「三反」（針對黨內，反對經濟上的腐敗）、「五反」（針對黨外，反資本家）。這個階段的動，只牽涉到和經濟工作有關的人。

　　1954年反胡風，肅清反革命，這時的動就拉大了範圍。同一年，「建設社會主義總路線」開始，這又是一個大動——因爲49年解放之前，曾經以建立一個「新民主主義社會」爲口號，很多人以爲是允許資本主義存在的一種社會。

　　1955年，全行業社會主義改造。

　　1957年，反右派，也就是對黨外右派的運動。

1958年，由於感覺到糧食多到吃不完，各種情勢一片大好，因此之前所有的動，相形之下似乎都是小動，這下更需要一番大動。連「建設社會主義總路線」的熱情都無法令人滿足，必須進一步超英趕美，實現共產主義。大動之下，就來了大躍進，人民公社，大煉鋼鐵。

1959年，三年自然災害開始，但是針對黨內而來的反右傾，也在同時開始。反右傾之後，再反文化工作中的右傾思潮。

最後，以上這些所有的動，還都顯得不夠動。因而，1966年開始了文化大革命，來了一場長達十年，動中之動。毛主席在天安門城樓上微微揮動手中的帽子，就能讓廣場上的人潮掀起波浪，一個指示就能讓千萬人移動去廣闊天地，大有作為，把動的意志、力量與結果，做了淋漓盡致的表現。

中國大陸的這些動，要到1978年十一屆三中全會鄧小平上台，提出「穩定壓倒一切」，才算是告一段落。到這個時候，在四個基本原則之下，「左」才成為過街老鼠，整個社會才開始進入休養生息的階段。

從經濟到生活的動

整個社會如此多動，個人之動，當然就不可避免。

由於各種運動，個人自己生活、工作環境必須變動，就不必說了。更無形的是，也許也更深刻的是，「變動不居」的理念體現在每個人生活中的方方面面。以文革時期的例子來說，當父母子女都可以變得互相不認的時候，人生當然沒有什麼原則或規則是可以不動的。同樣的，在各種社會情況與條件不停變動的背景之下，人人都必須要有追求新觀念、新思想的準備。正所謂好好學習，天天向上。而在個人的一切全歸組織來安排的社會裡，唯有你這個人動還是不動是該由組織來決定的這一點，是不動的。

1980年代之後，大陸的動，又體現到另外一些層面了。最主要的，還是經濟的層面。這個層面的動，其速度與幅度之大，與過去政治層面的動相比，有過之而無不及。有個體戶之動，有萬元戶之動；有糧票布票取消之動，有城市戶口開放之動；有新立特區之動，有改造都市之動；有外資湧入之動，有企業到海外上市之動。隨著2008奧運即將到來，北京城裡到處大動土木，「變動不居」的理念，又以另一種面貌體現在每個人生活中的方方面面。最近，手機是大熱門的東西，大陸的訊息產業裡，行動電話也明明白白地以「中國移動」為名。中國之移動，中國之愛動，由此可見一斑。

還有，中國大陸這些年來那許許多多各種運動的熱潮以及對我們的影響，我不懂，就不多言。但是八〇年代開放之初，一些歌星開始在舞台上四處走動、蹦蹦跳跳歌唱，取代過去一個歌唱者站在舞台上一動也不動演唱的場面，倒是我印象深刻的。

這樣比較全面的動，才真正說明一個多動的中國。　　　　　　　　　　　　■

本文作者為大陸作家。

三城記

台北，北京，香港；機車，自行車，地鐵。
三個城市，三種不同的主要交通工具，
形成不同的都市景觀，以及不同的城市文化。

台北 機車

徐欣敏　攝影

台北是一座機車之城。近百萬輛登記的機車（全台超過千萬），是數量最多、使用最普遍的交通工具，白天塞在這塊狹小的盆地，成為最驚奇的街頭景觀。

它的驚奇，不只在於高密度，還有那些不斷衍生、連結而出的周邊產物與意象。曾經，機車後輪擋泥板上印著許多玉女明星，她們吃著煙塵，卻永遠掛著笑容。在她們退隱之後，其倩影仍舊滿街可見，是某種時代的凍結。但如今換多了各種機車行的廣告，讓人頓生鄉愁。現在，反倒是機車座椅上的銀色防熱墊，在陽光下反射耀眼光芒，使城市增添迷幻之感。

更迷幻的恐怕是，座椅上三不五時被黏上去的、由手機號碼所媒介的情色隨意貼。一方面，機車本來就比其它移動工具帶有更多原始、衝動的想像，同時，機車與手機又都具有極高的機動性。慾望就在兩者間流動，堪稱魔鬼組合。

這裡並且每天演出，公車壓迫小汽車，小汽車擠壓機車，機車逼迫行人的戲碼。在各種車輛與行人之間，機車佔著一塊重要的演出位置──沒有它，一幅弱肉強食的叢林圖像拼不完整。打造一個混亂、失序的交通環境，它厥功至偉。

機車大軍的形成

早期由於大眾運輸缺乏，小汽車是奢侈品，一般人只能投靠機車。這種運具，在昔日交通專家及決策者眼中，只是個過渡性的角色，會在城市邁向「現代化」的過程中逐漸卸下重擔。這當然是個嚴重的誤判。幾十年後的今天，台北有了公車專用道與通行無阻的捷運，小汽車也普及了，但映入眼簾的還是熟悉的機車陣，且更為綿密。

政府的失職（交通系統不健全、長期對機車採放任態度）及地狹人稠，提供了機車得以發展

的歷史及空間條件；而機車的特質，更是橫掃了各階層居民的需求，使得這個移動族群的基礎厚實異常。

在歌手馬兆駿的〈那年我們19歲〉歌詞裡，開頭就是「那一段騎機車的往事，享受速度享受著友情…」。對青少年來說，脫離成人掌控的風火輪猶如成長的象徵，是放肆的青春，是獲得同儕認同的物質基礎。對快遞者與送瓦斯的人來說，機車是謀生工具。它也仍然是許多經濟能力有限的人僅有的選擇。某位立法委員堅持以機車代步，就是希望凸顯自己和中下階層的關係。對女性同胞來說，其移動能力長期由男性駕駛所操縱，是機車的低門檻讓她們獲得初步的解放。

從座騎的外貌，你幾乎可以勾勒出它們主人的輪廓。但有時也不盡然。現在同時擁有機車與汽車的家庭已經越來越多了，從1996年開始，平均起來，北市每戶就擁有一輛以上的機車。機車騎士，可不一定是沒錢的人。它的愛用者，在年齡、階級及性別上的分界已日漸模糊。

這是很有趣（或可怕）的現象，使用機車的理由，已經從不得不然，橫跨到特定時空中，多種移動選項中的相對最愛。它涵蓋各階層，抒發了島嶼居民，因為空間擁擠、資源有限所帶來的集體競爭焦慮。

機車是我們的代言人

在道路堵塞的時候，只有機車能夠往前流動，這種隨意穿梭、克服停滯的快感是何等誘人。不滿意大眾運輸的服務，機車是最廉價的自力救濟。此外，在寸土寸金的台北找停車位是極為挫折的事，但機車比較沒這種困擾，而且，還免費。台北人的慾望與韌性，完全可以投射到機車身上，而藉由它，我們更多的特質也無從隱藏。不愛步行、不守法以及缺乏公共意識，從某方面來說，三者又是相互影響的。

我們把機車視為如此貼身的工具，非得移動到目的地門口才肯下車，不願多走幾步路。所有不歡迎，甚至禁止車輛進入的場所，機車總是憑藉體型上的優勢闖入，故菜市場、徒步區這類人滿為患之地它是非要現身的。在騎樓裡，公共走道被當成停車場，橫排、直排、斜排各種怪異棲息姿態皆有，共同點就是以自己方便為考量。我們始終薄弱於公共空間的概念，個人的便利是建築在他人的不便之上。對台北人來說，自我生存依舊是個義正詞嚴的理由，生活與環境品質俱不能與之抵觸，因而，這裡才有逼近百萬的機車族。

汽車絕不比機車具有正當性，但機車蔓延對台北最大的衝擊，就是更全面而直接惡化了人行空間的品質。它讓人類最原始的移動方式變得非常沒有尊嚴。

生命自會找到出路，移動也是。你可以說機車是這個城市活力與創意的展現，它甚至對西方講求規律、秩序的價值提出了反諷。相對地，它也把我們的投機、自私、慾望與危機感展露無疑。無論你喜不喜歡，機車就是台北的代言人，它在我們的生活裡！　　　　　（文／藍嘉俊）

> 光復初期，市民的主要交通工具是腳踏車及人力車。1960年後，政府推出各種措施，促使機動車輛取代人力車，運具開始「摩托化」。1967年台北市升格為直轄市，隔年的機車數約7萬輛，1984年突破50萬，2002年已逼近百萬，每千人就擁有368輛機車。機車的成長率動輒超過10%，到1991年才開始趨緩。由於決策及執行的延宕，台北第一條捷運到1996年才出現，在此之前，公共運輸僅依賴公車，汽車又有取得門檻及停車不便的限制，機車遂成為主要交通工具。

北京
自行車

剛到北京的時候,不論去處遠近,我都習慣以計程車代步,即使長輩借給我一輛嶄新漂亮的自行車。這或許是對北京遼闊空間的恐懼。

幾個月後,我在中華世紀壇觀看了名為「舊京遺影」的攝影展。攝影者海達・莫理循是1933年到北京工作的德國攝影師,她在哈通照相館工作之餘,四處為當年的北京留下珍貴影像。透過她的作品,我們不僅看到已經消失的北京,像是天安門前的樹影、變成街道的城牆和牌樓、在風雪中走過角樓的駱駝隊;更讓人印象深刻的是她再現了許多逝者存在的瞬間,不管是販夫走卒、儒雅的書商、落拓的畫家、四合院吹笛的老者、知名餐館的老闆或是喇嘛,她的照片像穿透生死的咒語,讓這些人又重活了一次。

我也看到海達・莫理循的照片。那是1941年春天,她短髮飛揚倚著一輛老式自行車,滿臉含笑的攝於北京西郊。這時我才意識到,她是透過兩種工具認識北京,一是相機,一是自行車。自行車不僅是一個必須耗用體力的移動工具,同時也是一種認識空間的方式。

中國的三個奇觀

在八○年代以前的漫長歲月中,自行車在中國的重要性無可比擬。它既是人們主要的代步工具,龐大的自行車潮甚至曾和熊貓、長城一起被視為「中國三大奇觀」,台灣早年常見的摩托車載著一家老小的景象,在中國則原封不動的搬到自行車上。同時在娛樂不多的年代,自行車是不可或缺的出遊良伴。就像莫理循騎車到北京郊外一樣,當時騎自行車長途跋涉似乎是家常便飯,一位曾經歷三年困難時期的朋友回憶說,就在這個營養最缺乏的時候,他還騎自行車到香山爬鬼見愁,完全不算一回事。

此外,名牌自行車還是可堪矜恃的財富象徵。七○年代以前,中國流行的名牌還是上海牌手錶、紅燈牌收音機、紅旗牌轎車,說起自行車則推永久、飛鴿、鳳凰。當年購買三大名牌自行車是非常了不得的事情,不但需要購票憑證,有時還要套關係走後門。據說,那時如果年輕小伙子騎著一輛永久牌自行車,在別人眼中就算體面帥氣的了。而就在十五年前,結婚所需要的四大件中,名牌自行車依然是非常討喜的禮物。

直到現在北京的自行車還需要牌照與繳稅,顯示自行車還被當成一種重要的財產。

在許多城市裡,比如說台北,自行車就像《十七歲的單車》那樣,似乎是屬於青春期的物件,連結的是慘綠年紀的夢想與哀愁。等到進入成人世界後,自行車的美麗時光就讓位給摩托車、汽車甚至大眾運輸工具。人的成長經驗如此,隨著經濟發展而改變的城市景觀也是如此。

不過自行車在北京卻如長青樹般,沒有因為改革開放帶來的演變而失寵。這一方面固然是政府管制摩托車,但即使政府曾鼓勵民眾購買汽

車，即使廣州、上海已有限制自行車進入市中心的聲浪，自行車在北京的數量依然有增無減，估計現在中國自行車有五億輛，北京就超過一千萬輛。

隨著地鐵、公車的四通八達，自行車在北京已不是主要的交通工具，但它卻被賦予更現代的意義。就像氣派新穎的高樓和簡陋磚房為鄰，二十六吋的老款自行車和輕便時髦的跑車齊飛，現在的北京就像一個時光膠囊，將所有新舊不同的社會進程壓縮在同一平面，因此自行車除了始終不變的代步功能外，它還增加了綠色交通、休閒、健康等進步意涵。根據法新社的報導，為了在2008年淨化北京空氣，北京將興建更多的自行車道，鼓勵民眾騎車。

環保、休閒與健康

這是符合現代環保訴求的。許多城市如墨西哥城或哥倫比亞的波哥大都計畫修自行車道，鼓勵民眾以自行車代步。此外根據媒體報導，騎自行車對健康頗有助益。美國一個調查顯示，世界上最長壽的職業是郵差，原因可能是他們常騎自行車。另一篇醫藥報導則指出，騎自行車透過腳底按摩湧泉穴，可收健腰益腎的效果。而從美國自行車選手阿姆斯壯罹患癌症後，仍能獲得四屆環法賽冠軍，顯見騎自行車有益健康之說，並非空口無憑。

即使沒有這些誘之以利的好處，在北京騎自行車也是非常舒服的。它地勢平坦，騎車上路並不費勁，而且有自行車專用道保護騎車者，雖然不守規矩的汽車時常突襲搶道。此外散落城中的修車小攤，也許有損都市景觀，卻給民眾帶來方便。而對我來說，北京的美有時要透過自行車的韻律才能體會，比如黃昏時騎車經過紫禁城旁的筒子河，感受垂柳拂面的觸感；有些北京內心深處的幽思則需要自行車才能抵達，像是彎彎曲曲如同北京血脈的胡同。

雖然在北京騎自行車非常愉快，但也有一大憾事，就是北京的偷車賊實在太多。甚至有人說：「沒被偷過車，不算北京人。」最近春暖花開，我打算買輛跑車四處踏青，但所有人都勸我打消此意，因為「買車就是為了被偷而準備」，在如此適合騎自行車的城市，卻不能買輛好車騎個痛快，人生不如意事，真是十常八九啊。

(文／徐淑卿)

自行車首次出現在中國是在十九世紀末，在1949年後開始成為一般民眾經常使用的交通工具，1979以後，數量急遽增加，當時正是中國改革開放的開端。

隨著公共交通設施改善以及私人汽車的增加，過去北京市民對自行車的依賴，逐步分攤到其他交通工具。根據兩年前的一項調查顯示，北京以自行車為出行方式的比例，已從十年前的60%降到40%，但即便如此，這比例仍是高的。一方面民眾購買能力提高，一方面自行車具有休閒、運動等功能，不是其他運具所能替代。因此，北京自行車數量仍舊攀升，已超過一千萬輛，創下歷史新高。

每個城市都有她的地標供市民聚合，香港以前有一個流行約會集合點——尖沙嘴天星碼頭。到地鐵出現，熱門的約會地點便改成地鐵站（如「尖地恆」——尖沙嘴地鐵站內的恆生銀行），每逢週末總是擠滿等待的人群。現時地鐵每天的乘客量超過230萬人次，這表示香港680萬人口中約有三分一倚賴這種交通脈絡游走於各地區，它的影響力早已在每個市民生活中蔓延。

香港地鐵的廣告宣傳標語是：「多點時間、多點生活」，有了這種交通工具，市民只消幾分鐘便可以從港島越過維多利亞港到九龍去；加上八達通車票的推行，令地鐵能夠接合其他運輸系統（甚至是便利店或快餐店的購物付款方法），加速了人流流量。然而，當事故發生令地鐵服務延誤或暫停，同樣只消數分鐘就足以令無數打工族陷入被老闆「炒」的危機中，於是地鐵又再次成為被炮轟的對象、隔天的新聞頭條。香港地鐵的重要性不單在於大量紓緩地面人車爭路的狀況，提供市民一個穩定、準時的服務，還帶來新的視覺體驗，及成為一個重要的資訊媒介。

1998年開始，地鐵推行各種「藝術之旅」，而每個地鐵站都有個別的磚牆顏色和地區設計特式。貼在牆壁或柱子上的大型廣告隔一段時間就會變換，好像定時為地鐵站粉飾。深夜時分發現在遠處的角落有一個人把頭撞上牆去，走近看原來是一個有真人大小高的廣告，相信不少人曾為它嚇了一跳；當車門關上時，你又可看到一條薯條正和一個張開口的人慢慢接合著……在這個獨特的建築和移動空間條件下，廣告早已突破燈箱的規限，你可視它為裝置藝術；座椅、扶手柱、車廂牆壁都可成為藝術媒體一部分，在枯燥的乘車體驗中加上點點幽默。

雖說地鐵快捷，但若要由總站到另一個總站還得花上二十多分鐘或以上的時間，很多人會閱讀或聽CD／MD。地鐵公司近年花了十數億港元來把列車現代化，包括路軌旁有聲有畫的活動廣告螢幕、車廂內的電子告示板，讓乘客看到天氣報告、新聞簡報和股市情況等，務求隨時接收各種資訊；就最近SARS事件，市民還可以透過電子告示板表達對醫務人員的感謝和鼓勵。自從流動電話網絡覆蓋地鐵範圍後，乘客開始喜歡「煲電話粥」來打發時間，於是，你會知道坐在周圍的人在談論什麼事。我們這群地鐵內的陌生人，但總是無意也無奈地進入彼此的生活。

早期地鐵內的商店頂多是餅店和便利商店，除了車資外，乘客沒有太多其他的消費。不過，港人是不會放過任何賺錢的機會，於是一些美容用品、速遞服務、電訊產品等商舖越開越多。地鐵公司一方面提供快捷的移動，一方面希望能留住速速而快步過的乘客駐足消費。此外，很多地鐵跟大型商場連接，除了合作推行各種消費優惠（如搭乘十次送餐券），也帶動附近的物業樓價上升，房屋廣告更以「鄰近地鐵」為重要賣點。乘客在這些五花八門的商品及廣告轟炸下，不其然做出很多即興的消費行為──遇上站內推銷員，定力不夠可能便會打開荷包；看到宣明會的燈箱廣告，因此你決定助養非洲小孩……

香港地方小也不是一無是處，至少路線簡單不會令乘客看得一頭霧水。更值得香港人自豪的，是地鐵從來沒有像過七十年代的紐約地鐵那樣「烏煙瘴氣」，二十多年來品質不斷改善；從初期純粹把人從一個地方轉移到另一個地方的交通工具，逐漸變成一種融入生活各層面的消費、交換資訊及社交場所。假如沒有地鐵，香港人便少了一個重要的共同生活空間與集體記憶。

（文／楊心禾）

香港是個「移民」城市，戰後本土及來自內地的移民人口急速增長，土地和交通運輸的需求大增，於是在1967-1970期間，香港政府便進行研究大型的公共運輸系統計劃「Hong Kong Mass Transport Study」，研究指出香港有必要興建地下鐵路系統用來疏導由地少、人多、路窄所造成的交通問題，第一條地鐵很快地於1979年通車。地鐵和巴士搭配，使得公共運輸網密集，市民無須依賴私人運具。一方面，市民也認為騎機車較危險，而汽車使用成本高。　■

Part III
移動與時間及空間

如何重拾
對於距離的敬意

移動與通訊工具的不斷演進，
讓距離彷彿消失了。
然而，真實的空間距離始終存在，
又是看你如何去感知它。
本文作者用兩年時間做了他的實驗。

文·圖／褚士瑩

這一切都要從我有過一面之緣的耆納教聖人說起。

最近我因為工作關係，去了印度南部一個靈修大師的宴會，會場上有來自印度各個宗教的領袖，這些教主都被封上「聖人」的稱號。大部分的教主，都架勢非凡，前呼後擁，稍微一咳嗽，就有二三十人雙膝落地，戒慎恐懼地遞上上好的純絲手絹。唯一的例外，是坐在我隔壁的耆納教（Jainism）教主，他只帶了一個隨從，兩個人都穿著再樸素不過的白麻衣，帶著代表「禁語」的白口罩，揹著一支白拖把，赤著長厚繭的腳在體面的來賓之間，顯得多麼格格不入。但是我對他們充滿了獨特的敬意，一種對於旅行者的敬意。因為我知道，他們為了來參加這個宴會，從北方的德里赤腳步行了六千里路，一路走到南方來，對於這個強調苦行的古老宗教，我有了一種屬於旅人對於僧侶苦行的認同。

耆納教的旗幟

幾百年來，人類著迷地追求更快更好的方式，將我們從一個地點帶到另一個地點，所以依序有了馬車，蒸氣船，鐵路，滑翔翼，飛機，甚至太空梭，作為移動的工具。但還不就此滿足，於是共同打造了網路，讓旅行對肉體帶來的不適及麻煩，都徹底地消失，從此不需要離開房間，也可以看到一切我們原本需要透過觀光巴士的車窗才能看到的異境——甚至還更具立體感也說不定。

如果唐三藏生在今天的時代，他將不需要也不會汗流浹背，千里迢迢跟著一些長相難看的特異功能人士加上一頭豬跟一隻猴子，冒生命危險走兩趟絲路。他大可只要登入香港的網路藏經閣網站（http://www.suttaworld.org/）或是中國大陸的中華佛典寶庫（http://www.fodian.net/），按一下下載功能鍵，就可想取什麼經，就取什麼經，要是嫌PDF格式還太沉重，台灣電子佛典協會的線上藏經閣（http://www.cbeta.org/index.htm）還有PDA版可以選擇，可以走到哪裡看到哪裡。

其實，哪裡都不用去就什麼地方都去了的移動，並不算是什麼新點子，頂多也就只是回到十八世紀法國貴族作家Xavier De Maistre寫《*Voyage Around My Room: Selected Works of Xavier De Maistre*》的時代。當時他為了表明自己相對於當時歐洲上流社會，對於追尋新大陸與發現新世界狂熱的不以為然，反其道而行，將自己軟禁在家裡四十多天，然後寫了一本如何在房間裡面「旅行」的經驗，充滿了諷刺。

同樣這本書在二十年前讀來，失去了對新世界的挪揄，成為有如Tristam Shandy的後現代作品。

時到今日再來重讀這本將近三百年前的作品，卻正是網路生活的現實寫照，許多線上遊戲迷都有類似Xavier De Maistre當年這樣足不出戶的長途旅行經驗，不足為奇。

本圖為作者兩年水手生活的路線圖。
1.從葡萄牙里斯本到巴貝多。
2.橫跨大西洋，造訪加勒比海的12個海島，抵達美國佛羅里達。
3.從佛羅里達經南美的巴西、巴塔哥尼亞、福克蘭島、智利、秘魯到美國加州。
4.從聖地牙哥經阿拉斯加到溫哥華。
5.從溫哥華到俄羅斯。
6.從俄羅斯到經日本、韓國、中國、香港、新加坡、巴里島抵達澳洲及紐西蘭。
　再次橫渡太平洋，經斐濟回到加州。
7.從新加坡經印度、非洲回到歐洲，結束這段旅程。

於是長距離的移動，在人類的歷史上，從幾乎不可能的原始時期，到醉心追求機械性能極致的全盛時期，最後我們進入了一個「軀體的移動失去其必要性」的網路時期。

「距離」這個亙古的概念，從此消失。

過去對距離的兩種敬畏

藉著移動帶來的距離，一度曾經是哲人用來檢視自我的重要工具，這是為什麼尼采在《查拉圖斯特拉如是說》的「流浪者」一節中說：

「無論我將遭到什麼樣的命運和際遇——流浪與登山是必不可少的，而一個人到最後所要面對的仍是自己而已。」

流浪代表的，無非是平面開展所引發對於世界廣大的敬畏。

登山，則是高度拔起所引起的對大自然的敬畏。

對我來說，兩者皆可以歸納成為人類藉著移動所帶來的陌生，體驗對於「距離」的敬意。

在尼采的那個時代，距離的確有其可畏之處，正如「旅行」一詞本身呼之欲出的危險隱含。

過去探險家所遭逢的移動，充滿著讓男人熱血奔騰的危險，像是被巨浪吞噬，山賊突襲，被海盜俘虜凌虐，或是失去羅盤針清水喝罄，渴死在沙漠中被兀鷹當作餐食的種種悲壯可能；對於女人來說，則要當心莫名其妙變成惱人的暹羅國王無數驕縱孩子們的家教老師保母兼地下情人

（電影「國王與我」）。即使到了太空梭發射成功以後，還有在月球上跑著跳著頭罩掉下來，整顆頭像氣球般爆炸的可能（眼珠會先像微波爐中的蛋殼般爆開，我們在科幻片中都看過好幾十次了不是嗎），或者是太空梭在回到大氣層的途中毫無預警地在高熱下解體的危險。這樣的危險，產生了第一種敬畏。

第二種敬畏，則不需要太多解釋，基本上是有自覺的個體（像是尼采），藉著移動體會到文化、語言、人種、自然景觀、地理等等的多元性，主動去暴露自我的無知，以及個人的渺小，然後敬畏由此而生。

這兩種對距離的敬畏，就在過去半個世紀來，由於交通工具與通訊工具（從電報時代、電話時代到網路時代）的發達而快速消逝，任何地球上兩點的實體距離，飛機都在二十個小時之內能夠輕易銜接。虛擬的銜接（像是以史丹佛大學學者為先鋒的www.google.com網路搜尋），更只需要以0.001秒為單位，就餘刃有餘地可以將世界連接在一起，嚴格說來，不但連結，甚至還已經將特定訊息分好類了。

於是旅行最有可能的風險，就只剩下長途飛行帶來皮膚的加速老化，還有吃一兩顆褪黑激素就可以解決的惱人時差。萬一你是百萬名模的話，那就還加上在飛行途中喝了太多水，隔日醒來臉部水腫拍照不好看的風險，除此之外，好像就幾乎沒有了。這樣的快速移動，就連腳底都不會長繭，雖然我們也聽說過長途飛行對腿部靜脈的危害，還有座位狹小的經濟艙對有幽閉恐懼症者的壓力，藉由密閉的空調系統散布的病菌，恐怖份子劫機，或墜機的各種可能，但是讓我們面對現實吧！這些災難發生在你我作為飛機乘客身上的可能性，要遠遠低於連中樂透彩頭獎兩次，或是連續被雷打到的機率。

這也難怪終年周遊世界的空服員，提著007手提箱的國際公司Sales銷售經理，或是旅行團的專業導遊，是我看過對世界最不具好奇心的人。無論到任何一個角落，他們住在全球連鎖的五星級飯店，娛樂用餐的地點不是硬石餐廳(Hard Rock Cafe)就是麥當勞，機場的酒吧則是他們惺惺相惜的勝地，距離對他們來說，只是里程表上的一個數字，任何陌生的語言與文化，除非對工作造成影響，否則都引不起一絲一毫的興趣，今天巴黎，明天紐約，後天馬達加斯加，再多的流浪和登山，也喚不起一個經驗老道的個人旅行者FIT（Frequent Independent Traveler），對於如尼采般對

River　攝影

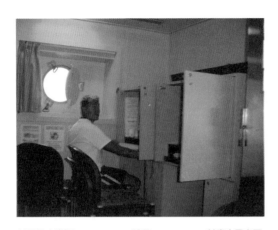

船艙的食堂裡internet cafe，說是intenet cafe，其實也只有兩台。透過衛星但是還是常常當機，雖然很昂貴，但是幾百個人都要輪著使用。因為對我們來說，這是與外界唯一資訊的聯絡方式。

距離的敬意。

追逐世界的盡頭

　　記得九寨溝有專用機場之前，曾是傳說中何等美好的地方。從成都出發，長達幾天的長途巴士，顛顛簸簸間幻想著秘境的景色，在險峻的峽谷中盤繞，此行多麼不易，老車隨時有翻覆的危險，冒死尋訪人間仙境的嚮往，散發出一股強烈的腐敗香氣。我究竟是勇士或是傻子還是兩者皆是的想法，不斷在飢餓與疲倦的交錯時刻，盤旋在腦海中。但是自從蓋好機場，任何嬌生慣養的觀光客，都可以花點錢搭上豪華客機直達我千辛萬苦才能抵達的夢幻境地，這徒然顯示我的犧牲顯得多麼愚蠢而不值。於是九寨溝，就像我記憶中曾經美好的印尼巴里島，或是愛之船影集盛行之前的阿拉斯加，無情地淪落了。

　　很長的一段時間，我彷彿被旅行團的鬼魅緊緊追趕在後，急著趕在大批的觀光客攻城陷地之前，前去感受那些在我眼中，還沒有被制式的速食店和觀光紀念品商店攻佔的美好風貌。不斷地挑戰自我的極限，去尋找世界最偏僻的角落，作為旅行的目的地。與時間賽跑的結果，我不知不覺加入這個世代的許多年輕人，成了眾多背著背包帳棚睡袋無止無盡地漂流在世界盡頭的FIT旅行者之一，日夜閱讀Lonely Planet旅遊指南——旅行者必備的聖經，變成虔誠的早晚課。像是競賽般，我們比較誰能苦待自己的身體，用最少的花費，到最遙遠的地方，成了信仰。一旦發現了任何沒有觀光客的地點，就是個人旅行史上莫大的勝利，反之，萬一同伴有誰重覆著被驗證過千百遍的路線，則成為青年旅館中茶餘飯後的笑柄。

　　世界被我們這些背著背包的backpacker旅行者們不斷推展極限，以至於變得比過去任何時候都更小了，地球上幾乎沒有我們這樣的年輕人去不了的地方。我們知道怎麼樣找到最便宜的當地交通工具，怎麼樣靠三塊錢美金連吃連住過一天，即使蓬頭垢面，指甲裡面藏污納垢，也是一種光榮的印記。現在想來，是多麼的虛榮，但是我們失去的不只是對其他人（其他人泛指的是「任何不以旅行為人生目標的人」）的尊重，「什麼地方我都去過了」的想法，也同時讓我們失去了對於距離的敬畏之心。便宜的環遊世界機票（RTW ticket），讓我們從一個城市飛到另一個城市，直到三十站之後我們終於又回到起點，多麼容易。

　　失去對於距離的敬畏，卻想要重拾，聽起來是多麼傲慢地說法，但這確實是為什麼，我決定要拋棄這樣的旅行方式，到郵輪上去工作。

兩年的水手生活

　　當「到達」本身變成了旅行的重點，就將現代旅行者僅存的那一點點探險趣味，也無情地拿

走了，因為當距離不再是問題的時候，地球上的任何一個地點，都不過是長著不同植被的土地罷了。

這或許是為什麼，我迷上了航海，不單單是因為我可以去那些除非航行，否則無法到達的地方，像是庫頁島或是巴塔哥尼亞的沿岸，而是重新體會原來大西洋兩岸之間的距離，不是紐約到倫敦的六個小時，而是三個星期從葡萄牙里斯本到加勒比海的島國巴貝多斯的遙遙路途。沿途讀的不再是旅遊指南，而是四百年前歐洲航海家的日誌，還有首批從歐洲移民踏上五月花號到美洲的文獻紀錄，我在風浪的折磨中，逐漸澄清了先前扭曲變形的距離感，以及鄭和下西洋前生別離的決心。

我向在波士頓上班的公司請了長假，兩年之間，用很有限的經費，「搭便船」從歐洲出發，橫跨大西洋，拜訪加勒比海各個海島，沿著美洲大陸東岸南下，繞過巴塔哥尼亞，越過南極圈，一路沿著西海岸到阿拉斯加，再順著北極圈穿越太平洋到庫頁島，順著亞洲大陸沿岸繞了一圈，到達澳洲、紐西蘭，最後借道南太平洋的諸多島國，又回到了最初出發的地方，結束我的水手生活。（請參考46與47頁的路線圖。）

我的航海夢想或許暫時告一個段落，但是這些在五艘不同的船上一起工作，來自世界各個角落的朋友，建立起了有如兄弟般的堅固友誼。我們一起看到的世界，是從飛機的密閉窗戶所見不到的，即使到現在，我的美夢裡還時時出現無盡的海洋，飛魚騰越在甲板上，以及鯨豚們追逐著船游嬉的情景。還有如網的星空，驚天的駭浪，

航行途中庫頁島Petropovlovsk鎮上的商店櫥窗

港口邊大排長龍的公共電話，和水手們與電話另一端心愛的人私語絮絮的閃爍眼神。世界，又再度向我彰顯它偉大的未知力量，那力量巨大到讓我覺得原先想寫一本書的計劃，都顯得太過天真。

選擇所造成的扭曲

在網路發達與物流暢通的今日，幾乎已經沒有需要親自移動的必要，移動已經純粹地變成了一種選擇，而不是必要的手段。雖然這並不代表著我們必然地生活在一個比較幸運抑或不幸的時代，但是距離感必然地扭曲了。譬如台灣與香港之間一個小時的飛行時間和每天上百次的航班，讓兩地顯得多麼近；而台北市與同樣在位在北台灣的宜蘭縣思源埡口的溪谷之間，中午以後就沒有巴士通行，顯得多麼地遙遠。

移動是專門把弄空間與時間的魔術師，而距離感則是一種藉著移動的方式表現的幻術。有人選擇冷眼拆穿，有人則選擇沉迷鼓掌，難說各自沒有各自的幸福。　■

本文作者為作家。

談「速度與人生」這個主題，最令我印象深刻的，是作家侯吉諒在《那天晚上的雨聲》散文集裡提到的故事：幾名西方先進國家來的探險家，領著一群當地黑人挑夫在非洲大陸跋涉前進，快馬加鞭地趕了一段路之後，挑夫們統統停下來不願意繼續再向前，探險家們因為行程耽擱而感到憤怒，探詢原因，黑人們答道：「我們趕路的速度太快了，快到靈魂遠遠落在後面，所以必須停下腳步，好讓靈魂能夠跟上來。」

靈魂移動與肉體移動的速度不一樣？這是一個相當有趣的想法，令人聯想到安東尼‧德‧聖艾修伯里（Antoine de Saint-Exupery）筆下小王子星際旅行的某一次奇遇。小王子碰到一名販賣解渴藥丸的商人，這種藥丸十分神奇，只要吃上一顆，一整個星期都不會感覺口渴：

小王子於是問道：「你為什麼要賣這個？」

商人回答說：「因為這可以節省時間。專家們已經統計過了，一個人每星期可以節省五十三分鐘。」

「那這五十三分鐘用來做什麼呢？」

「想做什麼就做什麼。」

「至於我，」小王子自言自語道：「如果我有五十三分鐘可以自由運用的話，我希望能從從容容地朝一泓泉水走去…。」

被忽略的過去

顯然速度與效率並不一定每次都能帶來更好的生活，因為好生活並不總是依照結果來定義，往往過程也非常重要，服用一顆解渴藥丸，也許真能讓肉體不渴，卻無法灌溉靈魂。而對小王子而言，「從從容容走向一口水井」的過程，就意味著一種生活品質，一種照顧移動速度比較慢的靈魂的肉體移動方式。我們注意到，這樁故事裡，小王子選擇步行作為一種享受過程的旅行工具。

交通工具的選擇確實與使用者在旅行過程的心靈活動有關，至少與視野，以及和旅行過程中其他人的互動有關。德國學者渥爾夫岡‧悉維爾布希（Wolfgang Schivelbusch）在其1987年著作《鐵道之旅：十九世紀的火車與旅行》（*The Railway Journey : Trains and Travel in the 19th Century*）一書裡就曾指出，鐵道交通問世之後，在旅客們的時間意識與空間意識上造成相當大的

快與慢
——關於追求速度的反省

文／楊子葆

變化。坐在敞篷馬車上時，旅客可以前後左右三百六十度地欣賞週遭的風景，甚至旅客本身也成為旅途風景的一部份；但是在火車車廂內，則只能隔著窗玻璃看到車旁的景致，視野被嚴重壓縮。於是當我們討論旅行文學時，十九世紀是一個關鍵的轉捩點：在此之前的馬車旅行時代，旅行文學記載旅行過程中自然地景對於當事人的心靈撞擊；十九世紀三○年代火車旅行普遍化之後，人的前進速度與活動範圍固然大幅提昇擴大，但視野卻侷限在觀景窗之內，甚或車廂之內，而畏懼與陌生人互動的盎格魯‧薩克遜民族往往只好以埋首閱讀的方式避開與他人的視線接觸，旅行成為起訖兩點間的單調移動，過程與目的無關，美國女作家安‧泰勒（Anne Tyler）1985年出版的著名作品《意外的旅客》（*Accident Tourist*）裡，談的正是這種普遍化了的旅行通相。

在《小王子》這本有趣的書裡，聖艾修伯里曾藉著一名火車派車員與小王子的對話來呈現前述的「旅行通相」：

小王子說：「他們開得好快呀！他們在找什麼呢？」派車員說：「連火車司機也不知道哩。」

從相反的方向，又一列快車轟隆隆地駛過來。

「他們已經回來啦！」小王子問道。

「這不是同一列車。」派車員說：「這是另一列對開的車。」

「他們不滿意他們所在的地方嗎？」派車員回答道：「沒有一個人會滿意他所在的地方。」

又轟隆隆地駛來第三列燈火通明的快車。

小王子問道：「他們在追第一列快車的旅客嗎？」

「他們什麼也不追。」派車員說道：「他們在裡面睡覺，或打呵欠。只有小孩子會把鼻子壓在窗玻璃上。」

速度與交通工具對於人類的意義不僅於此，捷克作家米蘭‧昆德拉認為：「速度是技術革命獻給人類一種迷醉的方式。」在《緩慢》（*La Lenteur*, 1995）這本書裡，昆德拉對於摩托車與跑步兩種移動方式之間的差異有很精采、很精闢的比較，值得我們反覆咀嚼：

傾身跨在摩托車上的騎士只專注於正在飛躍的那秒鐘；他緊緊抓住這個與過去、與未來都切斷的一瞬；他自時間的持續中抽離；他處於時間之外；換句話說，他處於一種迷醉的狀態；在這個狀態中，他忘記他的年歲、他的妻子。他的孩子和他的煩惱，因此，在風馳電掣中他毫無恐懼，因為恐懼的來源存在於未來之中，從未來解脫的人什麼都無所畏懼。

和摩托車騎士相反，跑步者始終待在自己的身體中，必須不斷地想到自己的腳繭和喘息；他跑步時感覺到自己的體重、年紀，比任何時候都還深切地意識到自我和生命的時間。

另一方面，與摩托車非常接近地，小汽車也利用動力機械追求速度，駕駛者更因為被包裹在車廂裡，而成為個人主義、疏離文化象徵的極

nick 攝影

致。而已經深深進入台北市民日常生活的捷運系統呢？捷運行走在既定的軌道上，是有秩序感、受控制的；專有路權的設計又使它對於都市交通的傳統運作法則有完全的豁免；立體化的路權設計使它脫離地面，在一種完全人造的混凝土空間中運轉；它是一種科技產物，使用者一定可以強烈感受到電力、機械、自動控制的強大力量；它是一種公共運輸，人們在此逃避不了互動，而且往往是陌生人之間的互動；它的速度很快，卻絕非乘客所能控制……當現代都市人把小汽車或捷運系統理所當然視為生活不可分割的一部分時，不管是什麼，為回應交通工具變遷衝擊所發展出來的都市哲學，一定很有意思。

事實上，被喻為當代最重要哲學家之一的法國學者保羅‧維希留（Paul Virillio）就曾宣稱：「二十世紀歐洲的哲學史，基本上可以視為回應速度變遷衝擊的歷史，更簡單的說，就是一部交通史。」

維希留這番話大概可以解讀為，因為科技的進步，交通工具的速度也驚人地提昇，人類克服空間距離的能力迅速增強，審視這個世界的角度與思索的方式也因此與前人大相逕庭。

交通工具改變人類對時空的認知

十九世紀中期之前，人們長途跋涉主要還是以步行或馬車代步，要是碰到湖海等天然障礙，只好使用船舶，這樣的慢速交通工具能夠到達的地理範圍有其限制，所花費的時間也很長，使用者在旅行過程中往往十分疲憊，因此人們能夠認識的世界非常有限。但是在今天，汽車、傳統鐵路、高速鐵路、飛機都很方便，人們的可及範圍幾乎無遠弗屆，行動所需的時間也大幅降低，如果有意願並且有足夠的金錢，我們幾乎可以拜訪

地球上的任何一個角落。在二十一世紀的「地球村」裡，「空間」與「時間」對人的意義，恐怕已與一百五十年前迥然不同了。

舉例而言，古代巴黎人看待倫敦是遙不可及的，即使鼓起勇氣搭船前往，也費時、費力、費錢，同時非常危險；隨著航海科技的進步，巴黎與倫敦的距離漸漸拉近；到了航空運輸的時代，倫敦對現代巴黎人而言，只是一個航程一小時的「鄰國首都」。但是機票價格始終居高不下，機場往返市中心的交通很費時，而且搭乘飛機登機與出入境的手續相當繁瑣，在高空中的飛行旅程也讓一些人望之卻步，巴黎與倫敦間仍有隔閡。等到英法海底隧道（Eurotunnel）打通，1994年底高速鐵路開始營運，只要三個小時就能從巴黎市中心的「北站」到倫敦市中心的「中央車站」，這時對巴黎人而言，倫敦與巴黎郊區簡直相差無幾，互動變得頻繁、容易，「歐洲一體」的感覺就越來越強烈了。

同樣的，當高科技、高效率、專有路權的捷運系統引進台北時，很多事情也跟著改變。這樣一個新的運輸工具改變我們對城市範圍的定義（現在，北投、淡水或南勢角對我們而言不再是郊區，有時到那兒比在市區裡移動還更容易）、對休閒的規劃（隨時可以到木柵動物園看大象，或是到淡水看落日、到龍山寺拜拜……）或對作息的安排（通勤通學的旅行時間縮短了，可以多賴床一下），這麼一來，台北的定義也被改變了！

然而同時，速度的提升與交通的方便，往往以另一種隱晦不顯的方式改變了人們對自己或週遭人的看法與做法。二十世紀中期法國「新小說」潮流中，米歇爾‧畢陀（Michel Butor）在1957年出版的小說經典《變心》（La Modification）就可以

拿來當作一個有趣的對照。以第二人稱敘述故事的小說主角，是一個經常往來巴黎羅馬之間、「羅馬打字機公司」巴黎分公司的經理，有一天，這位法國經理在巴黎住所與妻子吵架之後，立刻跳上開往羅馬的火車去會情婦，並且怒氣沖沖地打算妻子離婚。在漫長無聊的路途中，男主角慢慢地心平氣和，開始捫心思索自己為什麼那麼渴望到羅馬去？為什麼那麼渴望見到在羅馬的情婦去？過去、未來、現實、想像、巴黎、羅馬，虛虛實實、起伏跌宕，人雖還在車廂裡，神思卻就像到雲裡霧裡走了一遭似的。

隨著傳統火車不算太急的規律鏗鏘行進節奏，他漸漸領悟，情婦之所以吸引男人，是因為她是「情婦」，是因為人們不會日常地、長久地與情婦相處，因此她才變得神秘與迷人。一旦到情婦那兒住下來，原本因為距離與適當的陌生感而充滿魅力的情婦，很快就會變成另一個乏味的妻子。

就像是羅馬的美，對這位巴黎客而言，是因為相對於熟悉的花都映射而成的「差異之美」，如果真的在羅馬定居，心中的朦朧美感就會因為缺乏距離而流失，到那時候說不定就會開始思念巴黎了呢！想通了這一點，羅馬也到了，男主角於是改變計畫，搭上另一班列車，掉頭返回巴黎，繼續維持過去往來巴黎羅馬之間的生活，保持「羅馬之夢」的完整……。

這個外部語言與內心獨白相互呼應迷宮式的情節，如果發生在今天，因為交通工具的迥異，巴黎羅馬搭趟飛機兩個小時盡夠了，男主角恐怕沒有足夠的時間沉澱情緒，更遑論去反省思索情婦與羅馬在空間／時間軸上的意義。尤其在兩個小時的飛機航程中，他還得驗票、候機、登機、接受空服員服務、下機、出關、領取行李、轉乘

其他的運輸工具…，不算長的時間又被切割得很零碎，更難萃取出深刻的思緒，故事即有可能與半個世紀前截然不同。

很明顯的，從十九世紀中期開始，速度與交通工具的變化不但改變了我們對地理空間的認知，也改變了我們對生活、甚至對自己的感知。面對這種劇烈變化，人類顯得似乎一點兒抗拒能力都沒有，就像《愛麗絲夢遊仙境》裡的場景：

「快點，再快一點！」皇后叫道。她們跑得如此之快，好像就要騰空而起，腳尖幾乎搆不著地了。突然間她們停下來，愛麗絲精疲力竭地坐在地上，上氣不接下氣，頭暈眼花。

愛麗絲驚訝地環顧四周說：「奇怪，我相信我們還留在剛才的樹下，每件東西都跟原來的一模一樣！」

皇后回答道：「我們當然是在原地，不然妳以為會是在哪？」

愛麗絲喘著氣說：「嗯，在我們那兒，如果妳很快地跑了一會兒，就像我們剛剛所做的，通常妳會抵達另一個地方。」

皇后說：「那是個多麼慢的世界啊！在我們這裡，必須得盡全力地跑才能留在原地。如果妳想到其他的地方去，還得跑得比剛剛要快上一倍才行。」

在現代社會裡，交通工具越來越有效率，我們的空間移動速度越來越快，所見到的事物越來越多、面向越來越廣，卻越來越沒有機會深入咀嚼，也就是說，生活越來越豐富與複雜，但似乎也有膚淺化、零散化和「速食化」的危險。按照維希留的論點，二十世紀這部「速度提昇」或「交通變遷」的哲學史，到底為人類心靈留下什麼遺產？以及什麼樣的時代紀錄？這，也許是值得進入二十一世紀的我們認真追究與深思的問題。■

本文作者為國際合作發展基金會秘書長。

方便麵城市

如果有一天，城市是會移動的，
所有設施都服務到家門口，
就像取用一包泡麵那麼方便……

文／阮慶岳
圖／田園城市提供

康師傅方便麵反攻台灣，戰火煙硝味四起，我因天性反戰，一直等到煙硝塵埃全落定後，才偷偷吃了一碗，覺得便宜、好吃也十分方便，完全符合我這樣在台北城市裡，過著遊牧般生活人的需求。

就想著：像我一樣遊牧度日的現代人越來越多，方便麵系列的遊牧族產品一定也只會越來越多，像方便書、方便內衣褲、方便年夜飯、方便旅館，早已不覺的滲透入我們的城市生活中了。在未來將更由於遊牧族不願攜帶太多身外之物的天性，因此我相信方便愛情、方便情人、方便家庭、方便親戚（尤其是方便岳母），這系列可以用之即棄、不滿意保證退貨的產品也將大行其道。

那麼城市呢？向來是像據點碉堡（以及職棒

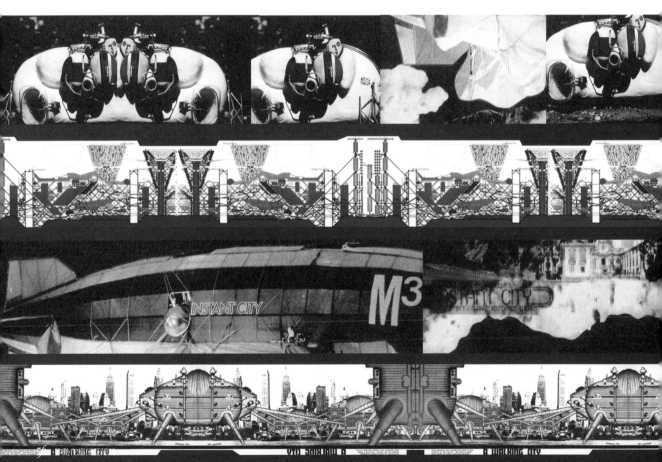

捕手）一樣，總是守候在遙遠旅途回程終點的城市，也可以變成像方便麵一樣，隨身可攜、用時只要啓開眞空無菌包，就可立即配合的顯現，並且還有三種口味任你選擇嗎？

真的可能有方便麵城市出現來嗎？

現代主義宗師的柯比意一聽這話，大概要掀開棺蓋、跳出來吹鬍子瞪眼睛的大罵世道不古兼人性猥褻，但是對還沒作古、來自倫敦的六○年代地下建築團體「建築電訊」（Archigram）而言，反而一定會興奮地跳起來直呼萬歲萬歲，感謝眞理終得伸張、冤情也終見雪白了。

「建築電訊」可能是第一個見出二十世紀後半期，人類生活已經開始必須面對大量不能自主遊牧行爲模式的建築團體，被迫性的遷移、漂流、

逐水草而居的遊牧民族生活方式，將重新返回到得意自我宣稱已邁入太空高科技世代的人類生活裡。

但是好不容易由遊牧生活進化到農業社會，以及感謝石破天驚的工業革命，而得再進一步邁入工業都會生活的人類，爲什麼偏要去惹惱柯比意老爹、並且又自甘墮落的退化回到遊牧式的生活去呢？

遊牧生活的復興

工業革命之後，農村社會逐漸式微瓦解，人類以史無前例的速度大量由鄉村遷移入城市。以第一世界的美國爲例，十九世紀中期時，都市人口約佔美國總人口的四分之一，到了二十世紀中

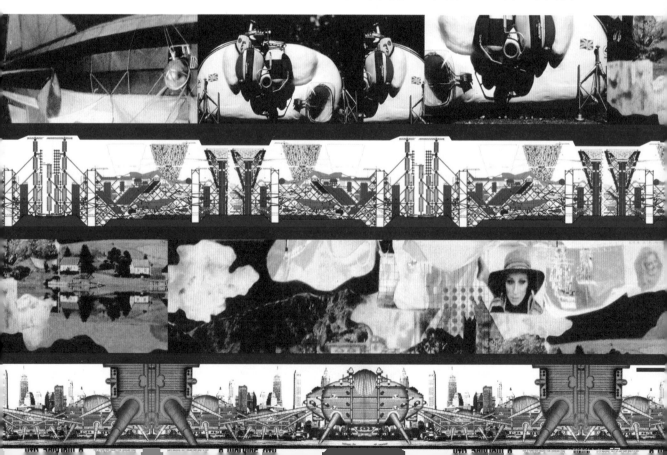

期，都市人口已經佔了總人口的四分之三，城鄉角色轉變的激烈悲壯程度顯而易見；這同樣的現象，在目前第三世界國家裡，還正照本演出清晰可見，尤其是人口稱霸世界的中國與印度，將會在新臨的世紀裡，有新一波由鄉村遷往都市的人口遊牧新浪潮湧現，規模度絕對不會遜於成吉斯汗當年偉大蒙古草原的遊牧移動現象。

這樣遊牧的終點，本當是高密度的完美城市，並使人類可以永恆定居其中。但是因為主導目前都市生存結構的資本主義，先天具有十分功利現實的個性，並同時有著將人視作生產零件，可任意組裝拆解並移位的態度，使得現代都市裡

面人類的生命，看似富裕優渥也安穩，實則惶惶然充滿了不可確定的茫然感（不斷自問著：下一塊可牧羊的水草在哪裡呢？），雖想安身立命卻又不能不斷自我放逐，以得求生存度日。

也就是說現代都市人，不但不能在他祖父親手栽的樹下喝茶抽煙，也不能在他父母生養他的屋內終老，甚至連自己一家現在居住的屋子，何時必須遷出搬離到另一個屋子、另一個城市、或另一個國家（星球），都沒有絲毫把握。可長可久的大地根植性格越來越稀薄，隨時要因應時代環境改變的立即性格，則越來越有其必要性，也就是說隨時能拆著就走打帶跑的遊牧個性，似乎越

家

家是離開的起點，也是終點。
能夠安頓心靈的地方，才是真正的家。

文／畢恆達

我有二個家，一個是我與家人情感交流、梳洗睡覺的地方，一個是我思考寫作閱讀與聆聽音樂的場所。因為有家，我的社會關係、我擁有的物品得到了歸屬，我知道今天沒有完成的事情明天起床以後就可以繼續，我可以在不需要耗費大腦精力的情況下就完成身體再生產的工作，因而可以專注於思考與創作的提昇。正由於固著，人的生活與生命得以延續開展。

固著對於老人可能尤其重要。有人說老人是空間的囚犯，因為逐漸失去了移動的能力。可是從另一角度來看，老人的記憶與想像卻遠遠超出他身體所在的空間。床邊的搖椅、餐桌上的燭台、牆上的照片，都有訴說不完的故事，與生命過往緊緊相連。而第一次約會的地點、孫子居住的城市，雖然身體到不了，可是卻深藏在記憶裡，仔細地回味。

家可能也是人們想要逃離的地方。不同的女子有著類似的遭遇，以致於離開原生父母的家，卻反而處處為家。甲女子在家中的生活遭受父親嚴重的控制與窺視，透明的隔間讓在書房中工作的父親可以輕易掌控臥房中女兒的一舉一動；乙女子晚上睡覺不能關上房門因為母親說這樣空氣才可以流通；而丙女子的父親甚至在女兒的房門安裝只能在外面上鎖的門鎖，以致於她夜夜從恐懼中驚醒。她們說只要離開家，心情頓時放鬆，夜晚寧願在街頭流浪，也不願提早回家。

在家中和父母一起看電影「喜宴」的同志，聽到父親責罵同性戀是變態不正常，他知道只要在家中他必須藏好同志書刊錄影帶、要隔絕同志朋友的電話和拜訪、而「春光乍洩」的電影海報只能躲起來欣賞，他知道只要在家裡他就不是完整的自己，因為他就是白先勇筆下的「孽子」。正如小說中的郭老所說：「你們這些孤鳥，終究還是要回到新公園這個老巢。」因為這裡才是同志的家。

來越是時代的呼喚要求了。

「建築電訊」在六○年代就見出這樣的時代大趨勢，他們並無力去扭轉現實環境（連批判都得包裝得天真甜美），只能以漫畫的無厘頭地下刊物形式，表達出他們所認為未來城市的模樣來。

基本上他們相信因為現代人遊牧個性的必然出現，因此傳統上試圖將城市視作永恆、不變的觀念一定要完全扭轉。未來的城市必須要為遊牧族的需求作設想，要具備著有機、移動、臨時、可變易的個性，以因應使用者的不斷變易特質；城市不再是歸去的終點，而將是遊牧人旅途中的加油站與便利商店，隨時要提供各樣不同的服務給暫停的遊牧過客；城市不再是主體，可如以往一樣的要求客體的居住人來配合她（看電影請到華納威秀與西門町、賞花請到大安公園或陽明山、購物請到京華城或SOGO），城市必須要開始主動走向人，當遊牧族想洗溫泉時，北投溫泉得立刻出現眼前，想唱卡拉OK時，錢櫃的大門立刻為你而開，並有人高喊：「歡迎光臨！」

聽起來像是說給幼稚園小朋友聽的童話故事。

對大半在大學裡教建築系課程的「建築電訊」成員們，這可完全不是在開玩笑；他們在四十年前就開始描繪這樣觀念下各種城市的可能面貌，

家也是無數婦女工作、從事家務勞動的場所。傍晚時分，正在開車回家路上的先生，心想晚上太太會沏壺好茶陪他看電視的體育轉播；而此時正在廚房燒飯的太太，卻期待晚上先生可以陪她到戲院看場羅曼史電影。先生在外工作期待回家休息，太太卻在家勞動期待離家以休息。曾有一位女性，結婚多年之後帶著女兒到遠處旅行，母女倆坐在旅館的雙人床上徹夜聊天，第一次可以不用理會散落地上的髒衣服、未經折疊的被單。沒有堆積待洗的碗筷，她人在旅館裡卻反而第一次有了家的感覺。「時時刻刻」裡的布朗夫人在烘焙了一個新蛋糕、將牛排解凍、將豆莢摘妥之後，她「必須」離開，然後再即時回家做晚餐、餵凱蒂的狗。她曾經試著躺在床上捧著書，但是無法專心；為了那個孩子、那個蛋糕、那個吻，她覺得心頭空洞、疲憊而頹喪。然而能去的地方出奇的少，她只是想要一個隱密、安靜、可以閱讀與思考的地方，然而圖書館、餐廳、商店、公園都不行，最後她到旅館投宿，只是想要在那裡讀二個小時的書。

固著與移動是一體的二面。因為有家才有所謂旅行，而旅行的終點通常是家。有的人出國，行李箱裡滿是家鄉熟悉的泡麵、肉乾與茶葉，住進旅館甚至把全家福照片放在床頭，以營造家的感覺。美國加州有一群人週末一定開車到附近的森林公園度假，電視機、烤肉架、雜誌一應俱全，而且幾戶鄰居一起出動，儼然就是鄰里巷道的翻版。旅行當然經常也讓人有了脫離熟悉生活脈絡的機會，從既定的社會規範中解脫。然後才有真實面對自我的機會，不再只是日復一日盲目過日子，把身邊事物視為理所當然。面對異文化，與其說是學習了別人不同的生活方式，倒不如說是更增加對於自身文化的理解，警覺原來自己以前是怎樣看待世界的。結果，移動增加了固著的深度。

年輕人總是喜歡旅行，想要發現新的世界。感嘆生命有限，而世界卻無限寬廣，於是馬不停蹄地蒐集一次又一次的旅行。有一天他會發現世界永遠也走不完，發現其實最想去的地方不是北極也不是非洲的蠻荒，而是他從小成長的地方。固著也好、移動也好，其實不是身體的問題，而是心靈如何安置的議題。∎

本文作者為台大城鄉所副教授。

並且認真在當時科技可及的範圍內尋求真實解答。

可移動的城市

例如幾乎已成了「建築電訊」代表圖騰、由Ron Herron所提出的「The Walking City」，就是把城市分解成許多可移動的大機械體，居住者可開車一樣的決定城市的當夜落腳處，這想法當然是在挑戰城市的僵化不變個性，作法雖顯古怪，但並非不可能。事實上Herron的整個構想，完全取法自六○年代美國正鼎盛的太空科技。一個個的小城市機械體，就是模仿佛羅里達州的甘乃迪角、自成一個獨立世界的太空總部而做出來的，而可跨山越水隨性移動的腳，則是效法登月小艇的蜘蛛腳，乍看下似乎虛幻不真實，卻又完全經得起現實科技的檢驗。

另一個「建築電訊」的著名案例，是由團內核心人物Peter Cook，所設計的「Instant City Airships」。他在這個構想中所思考的，是前述城鄉急劇變動後，鄉村在各樣文化與實質設施上，所顯現出來與城市的極大落差現實，而提出將原本固定在城市中不可動的設施物，利用可輕易飛行移動的飛船或大氣球，由空中即刻閒置放入原本荒蕪無物的小鎮，使小鎮在瞬間可得到嘉年華的歡樂氣氛，充分展現他們所相信設施與活動，必須來配合使用者的立即性觀念。

另外他們也思考可隨身攜帶的氣泡家屋，用時吹氣成大空間，不用時則消氣攜帶走；與可隨時用插頭連接的生活機能觀念，也就是不必擁有所有的固定物件，需要什麼就用插頭連接上什麼，以維持個體的輕便、有機與可移動性；另外

也可將城市裡的所有使用單元，像居家、購物、娛樂、辦公室等，都變成一個個可抽取替換的預鑄單元，使城市的內容可隨時配合使用性質作改變，在頂端的大型吊具，就扮演著那個可抽取替換預鑄單元的角色任務。

「建築電訊」雖然來自倫敦，但是可以見到他們大量擁抱當時的美國文化，例如對像超人形象的美國通俗文化，有著熱情的回應，也同時對那個時代十分波希米亞、有著流浪遊牧個性的嬉皮族群文化作出正面回應。

現代社會的都市，雖然還不像「建築電訊」所描繪的那些漫畫圖模樣，但似乎隱隱有往著那個方向趨化的傾向，也許我們的都市永遠不會變成他們所繪製的樣子，但一定可以見到在觀念上的許多相通與關聯處。

方便麵的方便性，大概是現代遊牧族會人人稱道不已的，如果城市也可以如方便麵一樣的便宜、好吃也方便，大概也是不會有人反對的吧！至於能不能真的相信城市可以不必具有永恆性格，而是不斷移動、飄浮或改換面貌的，可能就和每個人的星座、面相等天生性格有關了（不可強求其相信），但是城市是不管你信不信，都還是要朝著她該演變的方向去作演變的。

方便麵當然人人都稱讚方便無比，但是是不是人人都願意接受用方便麵來取代日日生活中的三餐，大概會被質疑與討論了的吧！而同樣的，方便麵城市儘管再方便再有使用上的彈性，是不是就是人類所真心期待的城市模樣，恐怕也一樣是值得再討論與重新被商榷的。

現代人之所以必須遊牧，不也根本不是自己心甘情願的結果呢！　■

本文作者為作家，建築師。

Part IV
未來的移動

不只是移動，而是一場社會文化價值的大轉變……

流動地標的夢想實現：
史特拉斯堡的
交通革命

文·圖／楊子葆

城市一旦被汽車攻佔，淪陷的不只是街道品質，
還有人性、公平與生態價值的扭曲。
看看史特拉斯堡，如何將被車俘虜的空間回歸於人，
豎立一個前瞻城市的移動典範。

第一次聽到「流動的地標」這個詞，是1993
年底我擔任巴黎公共運輸局（RATP）所屬工程顧
問公司工程師，被派到史特拉斯堡（Strasbourg）
參與輕軌電車計畫，在一場由女市長凱薩琳·圖
特嫚（Catherine Trautmann）所主持的工作會議上
聽她提到自己的治市願景：希望將當時正在興建
中的史特拉斯堡新電車系統，設計成這座城市
「流動的地標」。這位身為在德法交界重要城市的
女市長，原本以法語主持會議，但當她提到「流
動的地標」時用的卻是德語Ziehende Landmarke，
然後瞟了在座唯一東方面孔的我一眼，原本臉上
日耳曼式的冷硬線條似乎一下子柔和起來，圖特

嫚微笑地體貼補上一句英語：Moving Landmark！

「流動的地標」確實是個美麗用語和嶄新概念，讓人眼睛一亮，而圖特嫚流利地運用法語、德語和英語的能力也令人印象深刻，但是這些，都比不上她所帶領史特拉斯堡的交通革命來得驚心動魄。

在右左之間擺盪的城市

史特拉斯堡位於現今德、法邊界，是法國阿爾薩斯省（Alsace）的首府，也是歐洲議會的所在地。1989年，這座城市舉行了市長大選。

在法國人眼中，富裕的史特拉斯堡是一座傳統的右派都市。

關於右派、左派的區分，可以粗略地這麼說：通常右派的價值是為貴族、富人或中上階級服務的，是保守的，相信發展、相信人類的進步可以改善一切，相信科技帶來的問題可以用更高的科技來解決；左派則覺得社會公平與社會正義比發展更為重要，要照顧弱勢團體、要注意來自社會底層的聲音，發展是必須被適當節制的。

基本上，城市原本就傾向右派理念，因為城市是人口與財富在地理上的集中，而集中的主要目的是尋求更多的機會，再精確一點地說，更多發展與累積財富的機會！另一方面，在1980年代

末歷史的轉折點上,柏林圍牆倒塌、蘇聯政體分崩離析,共產之夢證明是虛幻脆弱的,這時與共產思想很接近的社會主義嚴重地受到挑戰,人們愈來愈不相信社會主義眞會帶來幸福,左派因此在歐洲式微。

此時此刻,根本沒有人看好左派有機會在市長大選中出線。

當時右派候選人是爭取連任的男市長馬塞爾・呂德洛夫(Marcel Rudloff),他因應史特拉斯堡已經非常嚴重的交通問題(當時該市約有三十八萬市民,但每天在城裡活動的小汽車卻高達二十四萬輛),所提出的政見支票是:爲了要把史特拉斯堡的形象帶到二十一世紀,因此計劃引進在當時罕見而且「先進的」無人駕駛捷運系統——與台北木柵線捷運系統同型、由馬特拉交通公司設計的VAL系統,當時全歐洲只有法國北部門戶大城里爾(Lille)擁有類似系統——吸引市民搭乘公共運輸,改善交通,並提供史特拉斯堡一個高

科技進步城市的形象。

社會黨推派的市長候選人圖特嫚則提出另外一個完全不一樣的想法:她希望史特拉斯堡市民能夠認眞思索引進地面「輕軌電車」的可行性,因爲圖特嫚相信,這是解決病入膏肓城市交通困局最好的辦法。

在某種意義上,圖特嫚並非計劃爲史特拉斯堡引進一項「新的」大眾運輸系統。早在1870年代德國統治期間,這座城市就已經擁有馬拉的軌道公共交通工具,這些公共馬車在1880年代後期陸續更換成電力動力。二十世紀一直到五〇年代末是史特拉斯堡有軌電車的黃金時代,但是在第二次世界大戰之後席捲而來汽車文化的衝擊之下,這座驕傲的城市也無法堅持這項優良傳統,1960年五月,有軌電車的最後一條路線停駛拆

除，史特拉斯堡從此加入「汽車城市」的行列，為日後註定要面對烏煙瘴氣的塞車噩夢拉開序幕。三十年後，居然有人重提往事，要讓電車重返！

在1989年圖特嫚以「電車重返」作為主軸打市長選戰，面對具其現任優勢之市長呂德洛夫所提出法國高科技的榮耀產品----馬特拉無人駕駛的自動化捷運VAL系統，不但是左派挑戰右派，更彷彿是十九世紀末的老古董對抗二十世紀末的閃亮高科技，是一場青年大衛與巨人哥利雅力量懸殊的戰役。

圖特嫚的電車城市說帖

圖特嫚的輕軌電車計畫當然不止於「回到過去」這麼幼稚粗糙，她所要強調的是更深刻的城市意義、社會正義與公平。

我們回顧人類的奮鬥史：最早人創造城市時，驅趕野獸、砍伐林木、開闢荒野，是為了建立一個讓人們集居生活的美好場所。所謂生活，即謂人們不只在城市裡工作、學習、吃飯、睡覺，也在這兒休閒、娛樂、社交、認識朋友、產生敵人，甚至戀愛或怨懟、結婚或離婚、出生、受傷、痊癒，最後死亡，實踐大部分的人生活動，而最普遍可及的活動空間就是街道。事實上，城市裡最精彩的地方也就是街道！街道上除了行人，還有沿街叫賣的小販、攤商、乞丐、流浪漢、街頭藝人以及巡邏警察，當然也可能有遊行、慶典集會、遊戲街童或軍隊校閱，識與不識的人們可以在此相遇、相會以及搭訕、相識，往往還會有一些奇遇、一些巧遇、甚至艷遇，因此產生許多城市故事。公共運輸工具作為街道的延伸，其實延續著人們的互動和互動的故事。在狄

更斯、雨果、杜斯妥也夫思基以及左拉的小說裡，我們可以看到這些大文豪常常以很大的篇幅，描繪工業化初期社會裡活躍的街道和劇烈的社會分化，街道的景象與風貌總是在十九世紀的時代背景裡扮演重要的角色。

但是從十九世紀後期開始，都市裡的車輛愈來愈多，徒步行人和公共運輸的乘客反而開始退縮，把地面城市大部分的戶外空間讓給車輛行走，人走的空間越來越狹窄，人活得越來越卑微，互動的機會也越來越少。當人們在城市中移動都利用個人主義性格極強、「隔離膠囊」似的汽車時，市民們幾乎不在旅行中互動。小汽車對城市來說，基本上是沒有參與的，人們因此變得疏離，街道活動變得貧乏，城市也失去生氣，史特拉斯堡也不例外。

為了強調輕軌電車的可及與可親，圖特嫚堅持採用百分之百低底盤的電聯車，好讓行動不便的市民能輕易上下車，幾番折衝，工程師們創造出「車輪馬達」的獨特設計，電聯車的底板距地面軌道只有九公分的高度。

但是，圖特嫚批判這種缺乏反省的「街道淪陷」，她大聲抗議：「街道的目的是運送人，而非運送車輛！」這句口號式的話語可以解釋為，城市是屬於人的，所以街道應該讓人來行走，或者讓有效率地運送多數人的車輛（即公共運輸工具）行走，至於那些佔據空間卻只運送極少數人的小汽車，不但不應該鼓勵，還應該被限制。基於這個信念，圖特嫚邀請史特拉斯堡市民和她一起對

抗小汽車，把城市還給市民，讓街道「恢復活潑生氣」！

對抗小汽車的方法不外是提供便利且高效率、高水準的公共運輸，但為什麼不是高架或地下的捷運系統，而是地面電車呢？

首先，對小汽車城市來說，捷運的建造不是對抗，而是另一種形式的棄守，或者講得中立委婉一點，儼然是一種「另起爐灶、另謀出路」不與之鬥爭的第三條路線。捷運行駛的是「隔離式專有路權」，這種路權設計更簡單地說就是「立體化」：不是高架車道就是地下隧道，地面街道則反而更大方地留給小汽車行駛，而且因為公共運輸工具轉入地下或爬上高架，街道空出更多的空間給小汽車，車子走得更順暢了，可能因此吸引更多的人開車。許多案例實證研究都證明，往往在捷運系統通車之後，城市裡的小汽車數量反而增加得更快更多，不但沒有解決問題，甚至加重沉痾，當然這種做法也違背了左派城市規劃者「成長管理」的理念。地面電車如果設計成專用軌道，當然會佔據一部份的道路，對小汽車的使用造成排擠效果，也會呈現出不同交通方式的競爭比對：交通尖峰時段搭乘專用車道輕軌電車依然順暢，自己開車恐怕就不可避免塞在路上；使用公共運輸可免找尋停車位之苦，自己開車不但停車不便，同時間接與直接金錢成本都不低；搭乘公共運輸可以養精蓄銳，自己開車就得全神貫注……；這些因為公權力介入重分配所造成的比較優勢，可以達到鼓勵公共運輸、抑制私人交通的終極目的。再深入一點討論，不建設立體化交通設施在某一個層次上意味著都市空間不作「擴張性的投資」，而是在承認空間資源有限的前提下進行更合理的分配，這就是成長管理的真正用意，

也符合城市永續經營的原則。

另一方面，社會黨所擁抱的重要基本價值之一是社會正義，或者就是濟弱扶傾。從這個角度來審視，我們發現公共運輸的乘客多半屬於社會中的弱勢族群，比如說老人、小孩、學生、婦女，尤其是沒有工作、被歸類成「家管」的婦女，或者是行動不便或視力不佳的人，還有經濟能力薄弱到無法購買私人交通工具而必須以公共運輸代步的族群。如果興建捷運作為主要公共運輸工具，這些理應被社會特別照顧的人，尤其是生理上的弱勢團體，就必須更艱難地爬很高的台階上高架車站搭乘高架捷運，或更艱難地一階階步下很深的地下車站搭乘地下鐵，這樣的不方便常使他們缺乏行動力而加深了與這個社會的隔離，這種發展方向並不符合社會正義原則。

再回到城市來，當我們開始習慣性地使用捷運後，最後很可能忘記城市的模樣。因為每天一名城市上班族從家裡出發，一出門就鑽入地下捷運站，一路通過黑暗毫無景致的隧道，抵達工作地點以後，再從捷運站鑽出來，然後工作----公共運輸乘客的都市旅程被簡化成「點到點」的單調活動，只有目的，沒有過程。結果在建築或都市計劃中常被提到的「都市意象」逐漸模糊，從人的腦海中淡出，只記得住所、工作地點以及無盡的黑暗隧道。法國俗語說巴黎的生活被簡化到只剩下三件事：捷運、工作、睡覺（Metro, Boulot, Dodo.），就是這種因為依賴捷運而形成的典型城市失憶症寫照。

最後，公共運輸的使用者應該受到鼓勵。一方面他們很可能屬於前面提到的交通弱勢團體，另一方面，這些人是對城市最無害、最友善的一群，他們捨棄了私人運輸工具的便利性、高度自

主性以及「及門服務」的優勢，平均起來製造的空氣污染量極低，平均使用的能源也非常節省，使用空間的效率卻最高，幾乎沒有佔據身體以外的更多空間，同時很少製造交通傷亡。他們搭乘公共運輸的時候，其實讓渡了某些個人權利以成就都市的集體利益，所以這些人是都市裡最不自私的一群。就社會公平原則而言，他們理應與行人一起享受都市空間最好的一部份：地面街道，因此以滿足大眾交通需求為主要目的的公共運輸工具，理應在城市地面上運轉服務。

史特拉斯堡市民也許對過去發展掛帥帶來的惡果真的太不耐煩了，也許因為圖特嫚所應允的輕軌電車城市美夢太動人，這位女性社會黨市長候選人在1989年底的選戰中跌破專家眼鏡，意外勝出，成為當時歐洲左派式微氣氛中一項令人矚目的異數。

流動地標的具體實現

市長當選後，要忙的就是兌現選舉支票了。

圖特嫚劍及履及，上任立刻從全世界邀集交通規劃專家與顧問，1990年初即組成史特拉斯堡輕軌電車計畫工作團隊，從可行性研究開始，快馬加鞭，兩年完成研究、規劃與設計，在這個期間也向ABB軌道車輛集團訂購了新一代量身訂做的輕軌電聯車。1992年六月開始施工，大約一年半即完成土木與機電工程、系統整合與動態測試，1994年十一月長12.6公里（其中1.2公里為中央火車站廣場的電車地下路段）、共18站（其中中央火車站為地下車站）的輕軌電車A線正式通車，包括訂製全世界獨一無二、命名為「生活樂趣」（Le Plaisir，這是為了呼應圖特嫚的諾言：「把生活情趣還給史特拉斯堡！」）的26列三節式

輕軌電聯車在內，總投資成本為二十億法郎，換算相當為新台幣一百億元，大約是台北捷運木柵線造價的四分之一。

史特拉斯堡市民非常喜歡這座屬於他們的公共運輸系統，甚至把綠色車身的輕軌電聯車視為城市寵物，暱稱它為「史特拉斯堡的綠色大蟒蛇」。

史特拉斯堡輕軌電聯車的設計的確值得一提。

早在1989年底市長競選時，圖特嫚就已經提出「流動地標」的願景，因為她輕軌計畫的真正目的，是要帶給史特拉斯堡不一樣的生活，展現一個「進步的」生活價值。而正好當時的前任市長原本也有一個地標計畫，要新建一座高塔般的

因為百分之百低底盤的特殊設計，史特拉斯堡電車大部分的機電設備必須裝置在車頂，居然翻轉了傳統電車的維修方式，原本車輛進廠維修，應該把車吊起來讓工人在車底執行修護，現在工人必須爬到電車車頂上工作，整套維修廠的設計和工作流程也跟著改變了。

市政大樓，塑造一個帶領史特拉斯堡進入二十一世紀的象徵。呂德洛夫市長提出的市政大樓地標計畫被圖特嫚譏諷為落伍可笑的陽具崇拜，是一種倒退觀念的象徵。在選戰中炮火猛烈的圖特嫚質問，就要進入第三個千禧年，這個世界已經不一樣了，很多價值觀在變，但為什麼地標一定還

是要高聳的？爲什麼地標一定要是驕傲的、高不可攀的、讓人仰望崇拜的？爲什麼地標一定要服務政治人物，而以俯視的姿態鳥瞰市民？爲什麼地標一定要定著在一個地點？在這個強調環保、回歸自然的時代裡，我們是不是還需要再建一座以鋼筋混凝土爲材料的地標？

史特拉斯堡輕軌電車廂內部設計以藍綠色和粉紅色爲主，前者強調環保感覺，後者爲本地出產之主要建材花崗岩的顏色，再加上大片落地窗，與城市的關係似乎密切許多。

更進一步地追問，就使用性質而言，一棟市政大樓即使是爲人民服務，仍永遠只有極有限的人使用，那麼這樣過度統治性格、父權、少數人使用、視覺污染、不開放的建築物，該不該由市政府投資？是不是史特拉斯堡市民所需？

問題問到這兒，「流動地標」的概念就呼之欲出了。將呂德洛夫市長市政大樓地標計畫的陽性成見轉化成陰性思維，就是輕軌電車「流動地標」的原型：首先，它不是定著一地，而可以移動，甚至是隨時在移動的；它平躺在地面，並非高聳，而且是非常容易接觸、容易親近的；它是開放的、公共的，而不是只被少數人把持，事實上它根本就是一個公共運輸工具；同時史特拉斯堡輕軌電車的顏色是柔和的銀綠色，它的軌道路基上遍植草皮、輕軌A號線全線兩側種植了一千四百餘棵樹木，這些都是與環保和「城市自然化」有關的概念，正好與灰色的鋼筋混凝土人造建築對照；電車還有幾乎落地的大片窗戶，讓乘客輕易地看到地面城市的美好景觀與街道上的人物活動，讓城市的互動更容易發生，也實現「公共運輸工具作爲街道的延伸」的理想；當然車輛設計更必須美觀、有現代感、易於保持長久如新，因爲，它是這座阿爾薩斯人首都「流動的地標」。

身爲一個捷運工程師，圖特嫚將左派價值化爲政治行動的勇敢作爲固然讓人感動，她不計代價、不打扣地追求綠色城市夢的偉大熱誠，對我更是從未見識過的衝撞震撼。

舉例而言，爲了強調輕軌電車的「可及」與「可親」，女市長堅持要擁有百分之百低底盤的電聯車，好讓行動不便的市民或輪椅乘客也能輕易上下車，幾番折衝，逼使電機工程師們絞盡腦汁創造出「車輪馬達」（Wheel Motors）的獨特設計：裝設在車輪上的分離碟型馬達直接同步帶動車輪行駛，毋須經過傳動軸傳動，因此車廂的地板可以壓得極低，事實上史特拉斯堡輕軌電聯車的底板距離地面軌道只有九公分，這是一項世界紀錄，也是一項革命性的創舉！這項低底盤的專利使得電聯車成本比同樣也考量行動不便者需求，但折衷設計只有百分之七十五低底板、以曲柄軸傳動的「現代化」電聯車設計造價要高出約15%……。不管怎麼樣，圖特嫚就是要百分之百低底盤的電聯車，她不妥協也不打扣，因爲事關價值----事實上她的堅持最後也實現了，雖然過程並不容易，但在我看來，她是對的。

在我的專業生命裡，這是第一次看到一名政治人物以她的超越時代的理想與願景，說服並領導這些自以爲了不起的城市菁英：設計師、規劃師、工程師、學者、專家，腳踏實地的在自己的專業上試著實踐一些深心相信的城市價值，發動

城市交通革命，而且居然大獲成功。史特拉斯堡「流動的地標」，為我的專業生命開了一扇窗。

城市之夢的延長

1995年六月，圖特嫚連任史特拉斯堡市長，繼續推動輕軌延伸線。1997年六月圖特嫚受邀在法國左右共治的政府體制裡擔任文化與傳播部部長並兼任政府發言人，當時輕軌B線已經完工通車，另外C、D兩線正同時積極施工中，輕軌系統路網的完成指日可待。2001年三月市長選舉，一位隸屬於法國民主同盟（UDF）的女性候選人法畢安・凱樂（Fabienne Keller）當選，右派又奪回城市政權，但是凱樂當選後立刻宣稱將繼續推動輕軌系統路網計畫，不但四條既有路線都將進行延伸工程，更大力推動連接機場與市區的第五條輕軌路線新計畫，看來，史特拉斯堡輕軌已經成為阿爾薩斯人不分左右、敞開心胸熱誠接受的交通與生活方式。

以一項交通計畫，在左派式微的二十世紀八〇年代末力挽狂瀾，贏得歐洲整合之都史特拉斯堡市長寶座；在二十世紀九〇年代中繼續推動她深信的計畫，聲望節節上升，第二度連任市長；在右派奪回政權之後，仍讓城市理想持續不墜——我們恐怕不能再說圖特嫚只勾勒、醞釀了一個美麗的城市交通革命之夢，而應該承認，這位奇女子藉著運輸工程，推動了社會工程，圓滿地在真實世界裡實現一個許多膽怯的人想都不敢想、缺乏想像力的人想都想不到的，城市願景。　■

本文作者為國際合作發展基金會秘書長。

通用汽車事件 與下一個汽車大國

1949年美國聯邦法院基於「惡性競爭以強制推銷汽車」為由，判處通用汽車公司（General Motors）五千美金的罰款。

美國聯邦法院鑒於迄今仍是世界最大汽車生產商的通用汽車公司，結合石油公司、輪胎公司等相關產業成立「全國城市交通」（National City Lines）公司，從1925年以來運用一連串有計劃的商業手段，先是買下美國境內最大的公共汽車生產商，進而大規模地收購各城市的有軌電車公司，以公車系統取代電車系統，再來則放任公車服務水準急遽下降，並以反映營運成本為由提高票價，迫使民眾別無選擇，只好購買私有汽車代步，一步步地以幕後黑手塑造了美國的汽車文化，因此處以五千美金的罰款。這個著名的判例，固然對通用汽車公司惡性競爭的手段給予譴責，卻也標示了汽車文化的大獲全勝。

對照這樁二十世紀中期的案例，目前世界銀行以及國際開發性機構給予中國的基本設施開發貸款或援助，以及以歐美日本財團為首在中國的BOT投資案，明顯很大一部份投資在公路、特別是高速公路的建設上，間接鼓勵中國汽車文化的勃發——事實上，世界銀行的決策通常基於美國大型企業在中國的利益考量，而歐美日本財團則更赤裸地反映汽車產業入侵中國的鴻圖規劃。我們看到，二十一世紀初經濟高速成長的中國，正一步步被先進工業國家的國際金融操弄而捏塑成「汽車大國」。（楊子葆）

希望交通
圖特嫚的理想城市的演講

1995年1月19日，史特拉斯堡市長圖特嫚於在該市舉辦之《被命名為希望的公共運輸》（Des Transports Nommes Desir）國際交通規劃研討會開幕典禮上，發表了一篇名為＜希望交通＞的演講。這篇演講十分簡短，但是卻清楚地說明了史特拉斯堡那場城市革命的理念。

圖特嫚會把這篇演講定名為＜希望交通＞，是因為「我想不出比『希望交通』更好的詞，因為我們的希望同時是一種寬容的表現、一種對其他世界開放的希冀、一種對實驗的渴望。」而這個希望的來源，來自她相信城市首先應該是屬於人的：

如果我們追溯城市史，城市是一個活動的場所，所有的活動，包括男人們與女人們一定程度的相遇與互動，而這些活動的目的完美地與都市社交性的密度連結在一起。從這個觀點來審視，將市中心與都市邊緣空間組織化的重要性就顯而易見了。

城市是一個活動的場所，這個定義對於貨物商品與運輸流通同樣適用。而我們發現承載這些活動的網絡結構性地影響城市發展。

如果回到人的議題，我們發現汽車過度地決定了城市發展。

也因此，她展開了一種顛覆性的思維，制定新的「憲章」：

我們要做的是重新找回各類運輸工具之間的均衡。超越交通的狹隘需求，思索有利於城市的運作模式，然後依循這個軌跡，思索城市的運作模式。

因此我們自問：積極介入調節那些影響城市運作的元素，難道不會比大費周章去思索那些成本高昂的、不負責任地把一切都說成是「進步」卻往往造成傷害的政策，來得更有意義與價值嗎？

就因為我們拒絕重蹈已被覺察的覆轍，輕軌電車、新的路網與新的公共汽車，以及關於鼓勵腳踏車的政策被明確紀錄在城市憲章裡，憲章中還要求行人徒步區的擴大、降低汽車流量、市內時速限制在五十公里以下的等做法。這是第一次在國家的層次上，將一些交通理想化為政策元

素，以促使城市運作得更符合期望。……依照這種看法，不同運輸工具間的重獲均衡反映了一種追求都市平等的意願。也就是說，每個人都有權支配他在城市裡的「天賦人權」。

對於突破所有想像之外的輕軌電車的設計，她在演講裡談的不多，但，已經足以讓我們體會為什麼會出現那些驅動性的創意、意志與力量：

我們之所以選擇輕軌電車，不只是因為它可以完美地與這座萊茵河畔城市融合在一起，更是基於對「城市天賦人權」邏輯的堅持。……我們的努力不僅在於科技上的創新發明，固然這些創新的確讓史特拉斯堡電車拔得新一代輕軌系統中的頭籌。在電聯車工作計劃書裡還記載一項要求，或者說是一個我們堅信不移的信仰：實現「公共運輸運轉的每一刻，就等同於一次都市特性的展現」的夢想。

史特拉斯堡輕軌系統實現了一樁傳統交通規劃者認為不可思議的夢：在城市裡，行人與公共運輸走在地面上，小汽車則行駛在地下車道裡，

圖特嫚最後的結尾，則超越她對城市的理念與構想，展現一種令人動容的視野與氣度。她會被視為歐洲未來的政治之星，不是沒有理由的：

當然，許多問題、許多可能的方案都曾被思索考量。但是我常常捫心自問，如果這種意願是誕生於一些平庸的、低層次的論證，例如我們城市的交通困境，乃至於流於一些悲慘主義、對於我們過去設計街區缺失的一些譴責，這樣的城市政策討論絕不可能帶來真實的解答。

我們城市的獨特之處，在於我們允諾去反省、實驗、建造我們對歐洲的希望，並同時對照我們的鄰居所建立的優良模式：瑞士的蘇黎世、德國的卡斯魯爾、荷蘭的阿姆斯特丹。

我們在法蘭西這個六邊形的國度裡是名創新者。毫無疑問地首先我們是個觀察者，最後我們拋棄那些傳統的思考模式。

我個人深深相信：我們所願意面對問題的廣度，帶來了實踐的勇氣。　　　　（楊子葆）　■

笛卡兒的「我思故我在」，讓人類相信網路是另一個世界，因此，一種前所未有的移動產生了⋯⋯

網路與移動

文／趙學信

有時候，我會寄信給我自己，目的是要把電子郵件整理在一起——當然，如果你是覺得沒人寫信給你很無聊，也可以這麼做。從 Hotmail 的帳戶寄到另一個常用的帳戶。這些代表文字的位元，要從我的電腦經過位於台北的閘道進入Internet，送到 Hotmail 在美國的郵件伺服器，然後再寄回台北；ISP 的郵件伺服器收到後，通知我取信，於是它們又再回到我的電腦。

這整個過程所做的事，無非就是把我面前電腦的硬碟裡，某一段位置的0與1重寫一番。在傳統世界裡，它等於是把書信紙張從書桌的右邊移到左邊。但儘管郵件大費周章地來回太平洋一趟，也幾乎沒有花多少時間，寄出後立即就收到。

* * * * *

在網路應用裡，不只是私人事務如此，與其他人的互動亦然。例如用 ICQ 或 messenger 與同一間辦公室的同事討論工作，或是用 Google 搜尋網頁，這些來來回回的位元都必須先飄洋過海。但我們幾乎不會在乎任何網路通訊到底是走哪條路線。因為對於傳遞訊息的電子和光子而言，繞台北一週或是繞地球一週都是須臾之間的事，我們根本無從察覺其差別。在網路裡，決定資訊存取度 (accessibility) 的是頻寬，而不是實體距離的遠近。

當降低到電子、光子的層次，我們反倒成了局外人，坐待資訊在網路裡來回奔馳。人們可以用網路來參與各種活動，除了上面的例子之外，我們還可以想到在家上班的電子通勤、橫跨各洲所舉行的視訊會議，或是師生分處兩地的遠距教學。這些活動的共通特點是，我們竟然都是一動不動地坐在電腦面前。

日常世界裡所認識的空間是一個靜態、中性的舞台，供作用者在其中穿梭與互動——這甚至可以是對空間的一種定義；如果沒有移動、沒有圍牆之類的物體來界定，我們很難感覺出空間的存在——但在網路裡，空間像是流質，它可以隨意（也太容易）變形和延展，空間地景可能隨時在變。這種動態的空間觀並不新奇。在物理領域裡，愛因斯坦的相對論早就教導我們空間不是絕對、靜態的。但相對論畢竟離我們的日常生活太遠，我們沒有接近光速運動的經驗，無從體會時

空的明顯變化。直到 Internet 出現，才把動態空間帶進我們的經驗領域。於是，只要有適當的設備，任何人都可以馳騁、悠遊其中。弔詭的是，我們雖然獲得最大的行動自由度，但實際上卻根本沒有移動。如何解釋？

＊＊＊＊＊

要建立一套網路空間的悠遊計畫並不容易，大約已經花了三百多年的時間。如果要認真看待「空間」這個觀念，而不只是當成修辭，我們會碰到的第一個疑問是：網路並沒有有形的範圍，無法容得下任何人的身體，它如何可以成為互動、共享的場所？如何讓我們自然而然地稱它為空間？這得從笛卡兒說起。[1]

決定凡事存疑的笛卡兒發現有件事是他絕對可以確定的：只要能思考，便必然存在——所以「我思故我在」——也因此，心智與軀體是截然二分的。人的存在與否和身體沒有關係。他的二元論不但把心與物一刀切開，同時也給心智、靈魂絕對的主導位置。是不是真的可以如此區分並不重要，重點在於它的影響，二元論已經深深嵌入我們的思想之中，我們很難跳脫這種世界觀。

雖說如此，除了靈修、迷幻藥、瀕死等少數例子之外，一般人似乎很難將身心分離的經驗付諸實踐。但是電腦的出現，賦與這個課題完全不同的意義。早在 1965 年，虛擬實境的研究先驅 Ivan Sutherland 便提出了他的大膽構想。在一篇論文 "The Ultimate Display" 裡，他想像的終極顯示器

「會是一個房間，在其中，電腦可以控制物質的存在。這樣的房間裡顯示的椅子，要好到可以坐。這樣的房間所顯示的手銬，要能銬住人；顯示的子彈，可以殺人。只要有適當的程式設計，這種顯示器實際上可以成為愛麗絲走入的奇境。」

在所謂的電腦顯示還只是純粹英數字元報表的時代，他的遠見確實驚人。但即使 Sutherland 舉了幾個例子，他的想法仍不免讓人覺得空泛。真正賦與它血肉的，是科幻小說家 William Gibson。我們都知道，「網路空間」(cyberspace) 這個名詞是 Gibson 在他的小說《Neuromancer》(1984) 中創造出來的。Gibson 並沒有給它明確的定義，只含糊其辭地說，它是集體共識所構成的幻像 (consensual hallucination)；是一個巨大的網路，人類所有的電腦資料都在其中，並且是以圖像的方式呈現（例如一個戒備森嚴的銀行資料庫就是一座冰封的碉堡）。人的意識可以透過某種終端機進到「網路空間」。在裡面，有形或無形的、生物或無生物，都沒有差別；人在其中也會有各種感覺，會受傷也會死亡。

Gibson 在打字機上完成他的小說。他不懂電腦，也不懂網路，他的想像是從電動遊樂場外推而得的。但等到 Internet 在九〇年代普及起來，人們驚訝地發現「網路空間」是如此貼切的稱呼，這個世界似乎像是朝著他描繪的方向推進，許多人急切地從中尋找各種可能性。

舉個例子，六〇年代的叛逆英雄 Timothy

Leary 到了晚年，也把興趣轉移到電腦和網路上。以往用迷幻藥來進行試驗的生命可能性，現在他從資訊科技中找到了更誇張的辭彙、更聳動的譬喻。人的意識何在？他認為意識存在於神經系統：這個系統的硬體是人腦，軟體則是先天遺傳與後天經驗的組合，亦即靈魂。當人的身體停止運作後，便會毀壞這套系統——「你個人的軟體系統當機。你的硬碟被毀。」瞻望將來，最好的解決辦法是將腦中的資料備份；而軟體備份（亦即，永生）的關鍵因素是數位化，也就是轉寫成電腦資料。

何謂生死？他認為人是活在他的思惟所在之處。如果你不在阿爾及耳，你與當地的人與物絲毫無涉，那麼對阿爾及耳而言，你就是死的。然而，資訊的流通可以拓展經驗的接觸範圍。如果你能和遠方的友人通話，那麼對他而言，你是活著的。因此，「資訊與通訊科技的美妙之處，即在於它們能夠延伸個人的界域，能夠泯除距離及其他限制，能讓人幾乎毫無阻滯地以光速跨越時空。」

*****

照這個思路推演下去，人類距離永生似乎只有一步之遙。在網路空間裡，因為意識無所不在，所以非但移動、甚至連生死都不具意義。坦白說，到了這種程度，我們已很難分辨思想和空想的差別。整體檢討下來，關鍵還是在於它的前提是否成立，亦即，心智與軀體是否確實是（或

者可以做到）截然二分。我想，至少近期還看不出這個可能性。這種超越物質的絕對自由，仍然只在想像中。

於是讓我們再來看看《Neuromancer》。書中有個場景是主角搭乘一個叫做「光」的中國製駭侵程式，攻破一家公司網路的防衛系統：

他一頭栽進翡翠色及綠玉色的重重防衛牆裡，那速度感是他在網路空間裡從未體驗過的⋯⋯T-A系統的冰封碎裂四散，被這個中國程式的前衝撕扯開來，帶來一種令人憂懼的固態的流動感，猶如破鏡的碎片在墜落時還會彎曲、拉長。

「天啊！」當「光」扭動了一下，停在 T-A 無垠場域的核心，凱斯不禁對眼前的景象發出驚歎。這是一個看不見邊際的霓虹都市，亮如寶石、利如剃刀，複雜到刺傷眼睛。(p.256)

的確，這種移動的視覺和空間經驗是很過癮。但我們要問，這種很棒的感覺係何而來。不是因為我們真的如此移動，而是想像如此，想像我們有感覺、有重量的血肉之軀，進行這種運動。其中的關鍵，一者在於想像力的運用，一者在於與現實世界的對比；缺少任何一者，便無從感受那種絕對的速度與超越。

所以，我們是否真的願意徹底拋棄肉身，永駐在網路空間？這就留待讀者自行思索了。　■

本文作者為資訊工程師。

⑴ 東方思想另有其脈絡，或許可追溯得更遠，但根據因果關係，這裡又將討論範圍限定在西方。

科幻作品裡的移動

文／鄭運鴻

「科幻」（Science Fiction）就其定義而言，似乎本身就背負著尋找極限的宿命。雖然科幻作品各色各樣，但其基本精神不外是藉由各種真科學、準科學、偽科學、低科技、高科技、超科技，去試圖逼近甚至超越人類幻想的臨界點：科學科技能有多神，就有多神；奇思幻想能跑多遠，就跑多遠。我們不妨看看科幻作品如何想盡辦法移動自己，跟我們大玩「捉‧迷‧藏」。

提起科幻作品當中的「移動」，有點概念的人或許馬上想起「光速飛行」和「瞬間傳送」。不錯，這是科幻最常見的題材，帶領我們上窮碧落下黃泉、飛天遁地遊太虛，無論是《星艦迷航記》（Star Trek）的「曲速引擎」（Warp Drive）或《變蠅人》（The Fly）的「傳送裝置」（Teleportation），都意圖讓我們在空間的向度裡恣意來去、自由自在。但有另一種更加匪夷所思的科幻移動，或許常被忽略，那就是「時光旅行」。

空間中的移動，事實上並未超脫人類的感知體驗，科幻作品多半也只能以比快和比遠的方式誇張演示這種歷程；但在時間向度中取得移動權力的「時光旅行」則大不相同。自從西元1895年，英國作家H.G. Wells創造人類歷史上第一架《時光機器》（The Time Machine），帶領我們前往八十萬兩千七百零一年後的未來世界一窺究竟之後，人們就瘋狂地愛上了這種穿梭過去、回到未來的時空遊戲。

為什麼瘋狂？原來，在單向流動的時間長河中，芸芸眾生老只有順流而下的份。「未來」既不可知，「過去」又不可挽，人類雖然無奈，但始終也只能困坐在這狹窄的「現在」瞬間動彈不得。「時光機器」揭露了未知的因果、破解了宿命的悔恨，恰好填補了人性心靈中這塊最深的慾望和遺憾。

也許你要說了：「宇宙不外時空，既然時間與空間的移動都已被窮舉，那麼在科幻世界裡，我們應該無處可逃了吧？」正巧相反，「電子時代」的降臨，可算是科幻作品中關於「移動」概念最重要的分水嶺。

隨著「電子時代」的逼近，科幻再次取得了全新的電力大能：「電腦」的誕生與「網路」的出現，一方面為「科幻」下了全新的定義；另一方面，也為這一場科學與幻想間的「捉・迷・藏」移動戲碼，帶來超越的可能……。

1982年迪士尼出品的《電子世界爭霸戰》（Tron）可說是第一部「準電子時代」的科幻電影。嚴格說來，《電子世界爭霸戰》充其量只能算是一齣「發生在遊戲世界的童話故事」，只不過「地下迷宮」換成了「電子世界」、「黑暗巫師」換成了「擬人程式」、「邪惡首腦」換成了「主控電腦」，但這部電影所帶來的重大影響，實在不容小覷：

首先，《電子世界爭霸戰》提供了全新的「二元對立」世界觀：一個真實的日常世界VS一個人造的電子世界。不同於傳統的創世概念，也不同於神話與夢境，第一次，在人類所生活的世界之外，我們不但看到一個人造的新天新地，而且也目擊了穿梭於這兩個世界之間的可能。撇開劇情中將人體透過雷射槍「數位化」送進電腦裡的無稽過程不談（畢竟這是部迪士尼作品），人類（使用者）以「造物主」的姿態君臨軟體（程式）所「生活」的電子世界，這種「科技創世」體驗在歷史上可謂是空前的。

其次，《電子世界爭霸戰》奠定了「電馭空間」（Cyberspace）的視覺雛形：霓虹閃爍的幾何排列、阡陌縱橫的交錯網格、高速運動的精確路徑、和似是而非的物理法則。在電腦科技尚停留在數值處理的遙遠年代裡，這部以動畫加工輔助電腦繪圖克難完成的電影，啓發了不少創作者和工程師對「虛擬空間」（Virtual Space）的想像──可以這麼說，透過這些創作者和工程師的努力，《電子世界爭霸戰》的空間體驗在日後成了一則自我實現的預言。

於是在1984年，一本顛覆科幻作品定義的小說出現在英語世界：美裔加拿大作家William Gibson在傳統打字機上一字一句所敲出的《Neuromancer》，將科幻作品正式帶進「電子時代」。《Neuromancer》是否受到《電子世界爭霸戰》的影響已不可考，但小說中所描繪的電腦空間與網路想像，卻頗貼近電影的視覺體驗。

在《Neuromancer》的世界觀裡，人們可以藉由「模擬刺激」（Simstim；Simulated Stimulation）技術和「皮膚電極」（Dermatrode）裝置，透過硬體平台與電馭空間接續，讓自己完全「神入」於虛擬的網路世界當中。Jack in/out是進出「真實/虛擬」的動詞、Jump則是奔馳於電馭空間中最快的動作、Ride可以讓你透過無限傳輸「騎」在另一個對象身上，接收他/她五感所有的資訊。換句話說：主體可以自在遊走於真實世界、虛擬世界和另一人的感官世界間最遙遠的距離，而不必跨出任何一步。

當年的Gibson本人完全不懂電腦，更連不上網路，但《Neuromancer》卻為他前無古人後無來者地拿下1984年「雨果獎」（Hugo Award）、「星雲獎」（Nebula Award）和「菲利普狄克獎」（Philip K. Dick Award）等歐美科幻三大獎項。因為他著實讓科幻世界移動了偌大的腳步。

捉

「電子時代」的加速過程日新月異：電腦的進步幾乎要超越「摩爾定律」（Moore's Law）的預測軌道；而網路的發展也總在試圖衝撞世界的種種封鎖。除了「時間/空間」之外，我們還多了「真實/虛擬」的向度，要想捉住移動中的對象，似乎越來越不容易……

《全民公敵》（The Enemy of the State）告訴我們：George Orwell的《一九八四》（Nineteen Eighty-

Four）其實仍未過去，透過「無線電發報器」、「閉路監視系統」、「行動電話通聯」、「網路交易追蹤」和「全球衛星定位系統」，老大哥的雙眼可看得比過去要更加清楚。孫悟空與如來佛鬥法的陳年往事，拜科技之賜而有了全新的面貌。

《時空悍將》（Virtuosity）也向我們預告，透過「虛擬實境」（Virtual Reality）裝置，不但能讓人們「進入」虛擬世界，片中甚至以奈米技術（Nanotechnology）和機器人科學（Robotics），為人工智慧（Artificial Intelligence）「衝出」真實世界架起了可信的橋樑。於是我們看到穿梭在兩個世界的兩種生命體，正玩著同一種貓捉老鼠的人性遊戲。

孿生電影《楚門的世界》（The Truman Show）和《虛擬偶像》（S1mone）更是賦予這種屬於「電子時代」專有的科幻想像一種哲學維度的思考。如果你曾留意，在這兩部出自同一編劇手筆的電影之間，存在著一種微妙的關係：《楚門的世界》所講的是「虛擬世界中一個真實的人」；而《虛擬偶像》關心的則是「真實世界中一個虛擬的人」。在這裡，「真實」與「虛擬」間已不再是一種純粹技術上的區隔——真實世界的人類效法《創世記》般塑造了虛擬世界；而後這兩個世界竟像《啓示錄》一樣混沌合一，天羅地網，無處可逃。到頭來，「本來無一物，何處惹塵埃」的虛擬偶像席夢，竟然需要「時時勤拂拭，莫使惹塵埃」；到最後，楚門跑出了世界般的攝影棚，但誰能保證他跑得出攝影棚般的世界？

憑良心講，無論是《全民公敵》、《時空悍將》、《楚門的世界》或《虛擬偶像》，這裡所提到的科技，在「電子時代」裡100%都有成真的可能，而且似乎為期不遠了……。

科幻作品已經跨越了「時間／空間」和「真實／虛擬」的敏感臨界，讓我們進入科幻作品的「後電子時代」想像，我看到「肉體／靈魂」這組人類歷史上最古老的二元對立防線也即將失守。

士郎正宗原作的日本動畫《攻殼機動隊》（The Ghost in the Shell）是一部承繼了「電馭叛客」（Cyberpunk）傳統，又能另闢蹊徑的有型作品。人類以自己的造物作為鏡像，從「硬體／軟體」（或『機器／人工智慧』）的類比當中驚見自身「肉體／靈魂」的虛構輪廓。於是一種危險的解放於焉展開：既然臟器與肢體能以義肢與義體更替，既然思考與記憶可用程式與資料代換，那麼「人」與「物」間的脆弱邊界不就因而瀕臨崩潰？

「機器人」越來越人模人樣，真假難分。「人類」卻透過器官更換改造，一點一滴失去人形；「人工智慧」透過網路傳播，沿途感染與佔據所有連接的電腦、電子腦與人腦；化約為感覺與記憶的「靈魂」可以被無盡地儲存、複製、編輯、轉換、覆寫、傳輸、入侵、潰蝕甚至融合……。

走在路上，你不能從外觀上一眼看出「人」與「機器」的差別；網路之中，你不能從溝通裡立即分辨「靈魂」與「人工智慧」的不同：因為一切對生命最古老可靠的定義都在移動，哦，與其說是「移動」，不如稱為「流動」——一種以光速進行的不確定流動。

科幻作品的「後電子時代」充滿著這種迷離撲朔的不確定感，要想在這座異常龐雜的幻想迷宮裡來去自如，或許需要下點功夫。

藏

從「前電子時代」、「準電子時代」、「電子時代」走到「後電子時代」，想看得更遠？那我們再進

入「超電子時代」瞧瞧。憑藉電的大能，科幻作品已經衝破「時間/空間」、「真實/虛擬」和「肉體/靈魂」的邊界；接著，科幻電影繼續帶你移駕千年潛藏的神秘領域：「感官／意識」和「存在／幻滅」的主題……。

《駭客任務》（The Matrix）這部電影大家耳熟能詳，講的是「莊周夢蝶，蝶夢莊周」的古老辯證：人類「自以為」活在庸庸碌碌的紅塵俗世，但「實際上」這些不過是電腦程式在你腦中所製造的幻象。如果能有選擇，在「養尊處優的心智牢籠」和「開放自由的殘酷劣地」之間，你將何去何從？《駭客任務》的提問是一種「感官」與「意識」的剝離：如果兩者只能擇一，你選擇往哪裡移動？

在這裡，「移動」的概念罩上了一層禪學公案般的迷霧：如果你從未頓悟「世界的真相」，那麼對你而言，物理法則是不可質疑的，你只能或坐或站或跑或蹲，你只能「看山是山，看水是水」；一旦你曾超脫化外，在不可質疑的「真實世界」物理法則中或坐或站或跑或蹲，「看山不是山，看水不是水」，那就進入了另一個境界；等到重回那個由程式構成的「虛擬世界」，「看山又是山，看水又是水」時，物理法則對你而言已不過是一種參考法則，這時你大可一飛沖天穿牆入地瞬間移動凝結時空。因為你知道：這一切不過都只是大腦所為你詮釋的一堆電子訊號罷了……。

如果《駭客任務》帶給你的啟示是「感覺」並不可靠；那麼《異次元駭客》（The Thirteenth Floor）所透露的訊息則可能更加弔詭：「存在」也很可能只是某種相對的概念……。

《異次元駭客》改編自1967年Daniel F. Galouye的小說《Simulacron-3》，以一宗詭異無比的謀殺案，道出一則毛骨悚然的科幻故事：有人以電腦工程創造了一整座幾可亂真的電腦世界，並且可以自由將意志下載（Download）到該世界中逍遙體驗。不料，某個電腦世界裡的人工智慧生命發現這個駭人的事實，竟按圖索驥地找到了「世界的盡頭」（The End of the World）……而主角在進出兩個世界間調查真相的同時，赫然發現自己所生活的「真實世界」也存在著「盡頭」……。

原來「世界」不過是一場「角色扮演遊戲」（這名詞在今日應不難理解），而「遊戲」之外還有「遊戲」；「存在」也不過是種種危險的迷信──只要某處的插頭一拔，所有「人」都可能在瞬間灰飛煙滅。

要想簡單說明這種虛無，我想「人外有人，天外有天」恐怕是最恰當的詮釋。這下可好，「世界」居然成了洋蔥一般層層藏匿的結構，而「移動」居然多了「上傳／下載」（Upload/Download）的無限向度。

在「感官」與「意識」之間，作一次開關式的瞬間切換；在「存在」與「幻滅」之間，作一種能階般的跳躍移動。留意你的步伐，因為在科幻「超電子時代」裡的每一個腳步，都隱藏著形而上的無盡禪機……。

尋找

從「時間／空間」、「真實／虛擬」、「肉體／靈魂」、「感官／意識」，到「存在／幻滅」，科幻讓我們看到「移動」的多維可能。我想，也沒有人能預測下一個被科幻所揭開的「潘朵拉盒子」（Pandora's Box）到底會出現在哪裡。看來，在科幻作品裡想尋找移動的軌跡，本身或許就是一件捉摸不定、迷離難測、藏匿無蹤的「捉·迷·藏」遊戲……。∎

本文作者為交通大學科幻研究中心顧問。

Part V
移動的人

移動的人

移動,是工作,也是生活。
在城市的角落裡,在家鄉與異地間,有人密集穿梭,
有人等待數天、數週甚或數年後的返回。
不同的移動形式代表著不同的際遇,交織成不同的心情。

採訪整理/藍嘉俊、傅凌
攝影/賀新麗、徐欣敏、LuLu、周茂麟

計程車司機　嚴子浩 56歲

自我介紹時，他拿出的還是從前開塑膠工廠時用的名片。
轉眼間，改行開計程車已邁入第12個年頭。
同樣是自己當老闆，這個工作卻需要整日在外奔波，
繞了半天，有時還載不到一個客人。
夏天的台北街頭像烤箱，即使車裡有冷氣，仍舊是汗流浹背。
用餐盡量在車上解決，非得下車找廁所時，
就得小心別讓車子被拖吊。
雖然辛苦，所幸三個孩子們都很爭氣，經歷了起伏人生，
他覺得還是踏實過日子最重要。
跑了一整天下來，平平安安回到家門口，
是他最快樂的一刻。

外籍看護工作者 傑妮瓦 28歲

她是菲律賓人。第一個工作是去沙烏地阿拉伯。

剛到那個炎熱的沙漠的第一天，她就哭著想回家。

不過，她還是熬滿了兩年的聘約期間。

來台灣是第二個工作。她很喜歡台北。

這裡的氣候像她的家鄉，這裡的環境也讓她覺得自在，

不像在沙烏地阿拉伯的時候，

她幾乎沒有離開過沙漠裡那棟十一間屋子的大房子，

出去也看不到她的同胞。

她和僱主一家人相處得很好。

她希望未來離開台灣後，

尤其那個小寶寶會想念她。

留學生　莫達明 25歲

偶然接觸到書法，來自法國的他對中國文化產生了興趣。
高中開始學中文，研究所畢業後，先到中國大陸從事翻譯工作。
曾做過蔡明亮「你那邊幾點」在巴黎拍攝時的翻譯，
一筆獎學金讓他來到師大，再度和台灣結緣。
與大陸相比，他覺得台灣人幽默、熱情且政治觀念開放，
較有「西方」的味道。在這裡6個多月，
偶而會想念遠方的家人、朋友。
但還不至於寂寞，因為他喜歡旅行，喜歡迷路的感覺。
同時，還發現生活不需要很多東西，
一個行李箱就可以裝下一個家了。

快遞者 花再興 50歲

一大早，跨上那台金勇125，
他從三芝騎1個多小時的車來到台北市區。
接著的8個小時裡，他要跟時間賽跑。
對於從事這項工作的人來說，
顧客一句「怎麼這麼快啊！」就是最大的安慰。
最怕碰到下雨天。
等著雨衣雨鞋，無論進出哪種公司行號，都不方便。
他的胸前永遠掛著一個包包，黝黑的臉孔除了笑容，
還有風吹日曬的痕跡。
跑這行超過10年，台北街道的門牌號碼都在腦袋裡了。
更重要的是，在都市叢林裡，
何時該快、何時該慢，他已經捉住了應有的節奏。

流動攤販　林德興 33歲

傍晚，一車車的流動攤販在寧夏路兩旁集結，
但他的準備工作，在中午就得展開了。
他要先從汐止的家開車到宜蘭海邊取貨，
這路程來回有200多公里。返回夜市，
忙到隔天的三、四點才收工，
充足的睡眠是奢望。
喜歡釣魚、浮潛的他，選擇
以新鮮的海產和顧客搏感情。
最初曾賣過滷肉飯，那時，每天
的收入尚不到兩百元。經過多年
努力，他的路邊攤已經吃出口碑，
並且結交到不少朋友，
甚至另外開了店面
不過，他還是喜歡待在路邊，
可以隨意地吹著晚風。

空服員　鍾慧茵 28歲

她有一扇時常轉換風景的窗口，
但同時必須具備獨立的個性。
每來到一個城市，
就要習慣一個人逛街、一個人吃飯。
不能認床，也不能挑食。
主要飛舊金山、洛杉磯、紐約三個城市，
但她最喜歡的地方是德國南部的小鎮。
曾遇到一個虛弱的老太太，
吊著點滴仍要完成長途飛行，
那是一次印象深刻的歸根之旅。
在密閉的空間工作十幾個小時是非常累的，
但當任務結束、公司巴士行經行天宮時，
望著窗外的香火與人群，
總讓她疲憊的身軀又感受到無窮的生命力。

左側通行 Walk on the Left

e化業務員　萬迪城 43歲

8年前，他投入了接觸人群的壽險業務。
剛開始，一週七天，風雨無阻地在外頭拜訪客戶，
前半年做的相當吃力。
隨著心態的成熟，以及靈活運用手機、notebook及PDA等
科技產品，他的工作效率大幅提昇，
事業也上了軌道。
迅速地取得資料對做這一行非常重要。
有一次客戶在花蓮泛舟要保險，
緊急打電話向他要孩子的身份證號碼。
雖然人不在公司，但打開PDA，
馬上就把資料調出來。現在，
他外出主要都是搭乘捷運，隨身的e化設備，
讓他不管到哪裡，
都能從容地面對每一位客人

走唱藝人　石宜誠 34歲

街頭藝人的生活是去年6月開始的。

在此之前，從屏東到台北，

他在一百多家的西餐廳、PUB駐唱過，

大概整個西台灣都跑遍了。

跟著他的，還有「豫平」這個藝名。

在高雄演出時，場次多、單價高，是他的黃金時期。

從風光的駐唱者變成流浪藝人，沒有失落感那是騙人的。

但血液裡愛好自由的因子，讓他開始對這樣的生活有了感情。

情人節當天，更有人專程帶另一伴來這裡聽歌。

若一段時間沒出現，路人還會關心的問起一旁的攤販。

他的人與音樂，

已經是這個地下道的一份子了。

流浪漢　約50歲

這是台北某處火車站通往洗手間的走道旁。
路口的電話亭，
有剛出站的乘客，
忙著打電話回家報平安。
週末晚上九點，燈火通明，
人潮稀疏，四下靜悄悄。
他，
壓著頂時代久遠的候選人的帽子，
縮在一角，手中那台收音機，
音量非常微弱。
明天要去哪裡呢？
他不發一語。我們只看到了他的背影，
卻不知道他的故事。

網咖少年　羅于傑 20歲

常來網咖報到，並不全然為了打電動，
更多時間是在找資料、交朋友。
雖然屁股釘在螢幕前幾個小時不動，
但另一個他卻在虛擬的空間裡，任意遨遊。
因為還是學生，
日常生活中的交友對象都非常同質。
一旦進入了網路的國度裡，界線消失了，
可以遇到許多不同年齡、不同階層、不同母語的人，
那正是他所好奇的世界。
這裡所認識的朋友，可能一輩子也不會見面，
因此，反而沒有相處的壓力，很多私密的話也就無需保留。
在真實世界中最遙遠的內心深處，
他卻在網路裡直達了。

航海人 劉寧生 56歲

今日一切，可能在很小的時候，騎在父親肩膀上，
迎著海風、聽海盜的故事就決定了。
青少年時期，他躺在沙灘旁，夢想自己能駕船遠行。
1998年開始，他用了29個月的時間，
成為第一個以帆船環航世界的台灣人。
離開了陸地，才會發現寶島不一樣的美麗。
在那麼一塊狹小的空間裡生活，
也才能認知人的卑微、以及有限資源的寶貴。
現在的他，正投注於航海教學與帆船推廣的工作。
海上生活如此發人深省，
他要帶更多人去接近、體驗它。

前情提要：

我的網友王克純教授發明了一種有如對弈的遊戲，讓參與的人各自以及互相考驗——還有賣弄——那些沒有實用價值的資訊。遊戲的規則很簡單，我們Net and Books的讀者也可以嘗試一下。

賽局的進行方式是先設定一個學術領域，由一方提供該領域之內的一則資料，對方必須就這一則資料內容所及的範圍提供另一則相應的資料，兩則資料必須有相互可以融通的關鍵字詞，關鍵字詞爲何？由接手的一方決定，但是互相銜接對應的兩則資料卻

【我們的知識遊戲】
流徙之戰
文／張大春

有三不可的限制：

不可以使用同一個關鍵字詞，也不可以引自同一個人的著述，也不可以出自同一本書。如此一來一往算一回合，每一回合的準備時間以四十八小時爲限，換言之：對弈者各自找尋資料的時間是一晝夜，逾時未覆訊即以棄子論，勝負就算是分曉了。

此外，倘或有一方能在十二小時以內覆訊，還可以附帶出一個考題，對方仍然必須在緊接下來的二十四小時之內覆訊，並答出那個附帶的考題。答不出附帶的考題者雖然不算落敗，但是要另外記一個失點，雙方可以自行議訂失點如何計算在賽局的權值之中。我們草草商量了一下，決定一個失點換算一瓶啤酒。至於對弈的「棋盤」就是電台現成的留言網站，而賽局唯一的限制也和網站有關——不可以利用任何網路搜尋引擎下載資料。當然，沒有誰能監督對方不去使用網路搜尋引擎，一切但憑個人良知自律。

我在進入遊戲之後才漸漸發現：世上沒有純粹的資料、純粹的知識、甚至純粹的遊戲……

發起這場遊戲的主方居然一交手兩回合就犯規，等於棄子投降，這其實是令人感到不可思議的。我冷靜下來，找到之前的電子郵件，仔細檢查一下當初的約定：發現那個時間的限制有些蹊蹺──既然對弈的雙方都各有二十四小時的時間，那麼，我的對手還有二十三個多小時可用，他隨時還可以再提出任何修正的答案──倘若在十二小時之內，則非但他沒有輸，我還得奉陪應付他那個「曹子建究竟對『本根』有甚麼樣的情感呢？」的問題。

我有兩個選擇，一是裝糊塗，撐過了規定時間，就可以逕行宣布他違反了「三不可」的第二項，輸掉了這一場賽局。相反地，我也可以趕忙覆信提醒他，使他能夠在時限之內重新作答。幾經思索，我決定還是君子一點──你也可以解釋成我這盤棋還沒下到盡興之處──總之，我打了封信到他的私人信箱去，提醒他：既然〈雜詩之二〉和〈吁嗟篇〉的作者都是曹植，如果他的覆手即如前貼之文，那麼就犯規認輸了。不料在接到信之後，他立刻回了短短一箋，氣定神閒，寥寥數語：

「前貼文祇是在答覆閣下附帶的提問，我還沒下出覆手呢。你還在繼續思索那個關於『秋蓬惡本根』還是『願與根荄連』的問題嗎？」

過了也許一、二十分鐘，他正式的覆手來了，的確是用「轉蓬」做關鍵字，內容是這樣的：

清阮葵生《茶餘客話補編》謂：「《後漢書‧輿服志》：『上古聖人，見轉蓬始知爲輪』。《埤雅》云：『蓬葉末大於本，故遇風輒拔而旋。雖轉徙無常，其相遇往往而有，故字從逢。』乃知：末之大於本者，非流徙而何？」如果說《埤雅》的作者陸農師是眞正理解『轉蓬』這個詞的人，那麼，阮葵生就是眞正明白『流徙』這個詞的人了。祇不過阮公對於檳榔的厭惡，大概會讓很多流徙者的後代十分不爽罷？

仍然祇是短短的幾行，卻是一手明白曉暢的漂亮回覆。我的對手非但引錄了一段層層相生的文史資料，也爲我開出了一條不得不走向「檳榔」的棋路──試想：如果沒有最後那兩句話，我大概只能從「茶」、「葉」或「風」之類平庸無奇的字接手。當然（如果出之以小人之心）我也可以這樣假設：王克純教授其實就是想要把我接下來的答題方向鎖死在「檳榔」這個關鍵字上。

我一直隱隱約約地感覺到：他之所以開啓這個棋戲一般的賽局，是想要透過資料來跟我說一些話、表達一點想法、溝通一種理念。要明白這些隱藏在意識深處的東西，我就必須絲毫不放過表面上的一切線索。是的，就如侯孝賢拍汽車廣告時引用過卡爾維諾的那句話：「深度，就在表面。」

從表面上看：他的回覆之中，一共提到了三本書：依照成書的時代，其一是《後漢書》，其二是《埤雅》，其三是《茶餘客話補編》。仔細分析起來，「《後漢書‧輿服志》：『上古聖人，見轉蓬始知爲輪』」這一段目的祇是把關鍵字「轉蓬」標出而已，沒甚麼意思。而且我老實不相信上古時代的某個聖人一眼看見蓬草轉飛，就發明的輪子這種事。但是《埤雅》和《茶餘客話補編》就不同了。

坦白說：我祇知道《埤雅》的作者陸佃是北宋時代的人，可以稱之爲一位博物的儒學家。但是關於《埤雅》這本書，我從來祇是在別本書的引用中偶而得見，其餘一概不知。

從引文可見：陸佃對於「蓬」的飄盪無常，賦予了非常人文的意義。大體而言，就是應該居於低階、末流、下位的人，倘若一旦比高層、主管、上司來得高明，所謂「末大於本」，一旦遇到了外力催動，就很容易「轉徙無常」——也就是居無定所地到處漂泊；而且，這些身居下僚的人還經常會在遭到貶謫的他鄉異地、或者羈旅道途之間意外地相逢，所以「蓬」這個字就用了「逢」這個字做字根。

這個其實很難從文字學上找到根據的說解當然不會是「蓬」字造字的原始。那麼，很可能就是陸佃這個人透過了個人的體會而發明了「蓬」字的意義。

為了瞭解甚麼樣的人會如此發明一個字的意義，我不得不一頁一頁去翻《宋史》，最後終於找著了陸佃的傳，在藝文版《宋史》第五冊，卷三百四十三，列傳之第一百零二。

陸佃，字農師，越州山陰人。家居貧困，苦學出身。有「夜無燈，映月光讀書」的傳聞。此外，他訪求名師指點學問也相當積極，所謂「躡屩從師，不遠千里」。曾經到過金陵，受經學於王安石。

宋神宗熙寧三年（一○七一），陸佃應舉入京。正逢王安石當國，接見了他，劈頭就問：對新政實施的成果有甚麼看法？陸佃說：「法不是不好，但推行起來不能盡如立法的本意；說來還是擾民的效果居多——像青苗法，就是很實際的例子。」聞聽得這樣直接的批判，王安石嚇了一跳，問道：「豈至於如此？這一部新法，我與呂惠卿研究得很仔細，也訪問了外間不少的議論。」

陸佃接著說：「您喜歡聽正面、積極的話，這的確難得；可是外間頗以為這也就表示您經不起批評了。」王安石笑著說：「我哪裡是經不起批評的人？可亂七八糟的謬論是不少，的確也沒甚麼好聽的。」陸佃立刻道：「這就無怪乎人家說您經不起批評了！」

在這裡就要先岔出去說一說青苗法了。我小時候讀歷史課本，遇上難以簡單斷定是非對錯的時候，就會向家父求教，總之是他老人家說了算。我還記得有一次問他：宋朝新舊黨爭，王安石和司馬光倆人，誰對？家父說：「你祇要不向王安石借錢，他還算不錯的。」

青苗法的內涵大致是如此：宋朝各地方（以『路』為單位）上，設有常平倉、廣惠倉，專司收積地方錢糧。在春夏兩季、青黃不接的時候，兩倉可以出貸給農民；春貸夏收，夏貸秋收；每一期，政府收取兩分利息。利息不算高，但是執行過程中仍免不了地方官吏層層盤剝的弊端，所以名曰低利便民，實為官庫聚斂。結果國家整體財稅收入增加，老百姓的日子卻越過越苦。

家父當年還教我背誦了一首據說是熙寧年間、題寫在大相國寺牆上的〈貧女詩〉，可以為青苗法的政績作註腳：

「終歲荒蕪湖浦焦／貧女戴笠落柘條／阿儂去家京洛遠／驚心寇盜來攻劓」

據家父說：這首詩得用蘇東坡的話來解，才說得通。

蘇東坡是這樣解的：「終歲」，也就是「歲終」，即十二月之意，「十二月」三字合起來，就是個「青」字。「荒蕪」，意謂田裡長了草——「田」上出「草」，就是個「苗」字。「湖浦焦」，當然就是該有水的地方沒了水，「水」「去」二字一合，成了「法」字。「女」字帶個斗笠，看起來簡直就是個「安」字。「柘」字落去了「木」

之壞，可見也是黨性堅強。」

但是王安石怎麼看這個問題呢？

到了陸佃請見王安石的第二天，王安石還是把他召了去，告訴他：「還是呂惠卿說得好，他說：『就算是民間私家討債還債，也還得在本金之外，添個一隻雞、半頭豬的。』至於你所言者，我已經派遣李承之前往淮南去視察了。青苗法究竟於民之害何如，總得探知一個實情才是。」等到李承之回到京師，畢竟還是隱瞞了一般老百姓對新法的不滿，陸佃的政見從此就沒了出路。

《宋史》本傳上說到王安石始終未能大用這個門生，就是因為在推行新法上，陸佃似乎並不支持這位老師。也就因為這個緣故，陸佃的官運不算好，也背上了舊黨一路的烙印。他曾經當過蔡州推官，也選為鄆州教授，召補國子監直講。但是：「安石以佃不附己，專付之經術，不復咨以政。」

從一生行事的後半截來看，陸佃更是一個有意思的人。哲宗立，變更先朝法度，把王安石的黨羽翦除泰半，一般朝中士大夫依違轉圜，見風使舵的自然不少。王安石死後，倒是陸佃率領諸生供佛，哭而祭之，當時有識之士便嘉許他這個人不趨炎附勢。

還有另一樁差使，更足以見其為人。又過了幾年，陸佃升任吏部侍郎，以修撰《神宗實錄》徙禮部。不時地與史官范祖禹、黃庭堅爭辨，大要多是為了替王安石辨誣，有些功過之論，也不免為之晦隱。有時，身為舊黨的黃庭堅不覺氣得大罵：「如果儘依你這麼寫的話，這部《實錄》其實就是一部『佞史』了！」陸佃卻說：「如果都依照您的意思寫，這部《實錄》豈非成了『謗書』了嗎？」在舊黨黨人眼中，這個陸佃從前不肯攀附王安石的經歷一點兒也不值得尊敬，因為它如今也太不會尊敬王安石的政敵了。

對於個別政策上的堅持，並沒有影響陸佃修史的態度。《神宗實錄》完成，他升任了禮部尚書。但是，基於長遠的黨爭所導致的派系傾軋非但沒有因為《實錄》之寫成而終結；更深一層的、關於歷史定位的擾攘才剛剛揭開序幕。在陸佃的本傳中就曾經提到，鄭雍、韓川、朱光廷等至少三人，都上奏議論這一部《實錄》，評語之激切者，甚至說他「穿鑿附會」，這使陸佃的遭際有了明顯的改變──先是奉朝命改敘「龍圖閣待制」，這就是貶秩了。接下來是一再地外放；先赴穎州幹知州，在當地為歐陽修建了祠宇。後來又放徙鄧州。未幾，再放知江寧府。陸佃人剛剛到江寧，就去王安石的墳前致祭。在這裡，又碰上了一樁案子。

江寧東南邊有個句容縣，縣裡某人盜嫂害兒，另外供出三個不相干的人同謀。那三個給攀誣入罪，到案之後屈打成招，一體收監服刑。其中一個囚犯的父親亟力呼冤，到處申訴，地方上通判以下的官兒所作的斷詞不外是：「如此呼冤不過是怕死而已；案子已經定讞了，不可以更審改判。」

但是到了陸佃手裡，還是重新開啟案卷，詳為審理，最後查無具體罪證，把另外那三個人都放了。這樣一個踏實理事的官兒，到了宋哲宗紹聖初年，又因為《實錄》治罪，落了職，從江寧改知秦州，再改知海州，復「灼其情，復集賢殿修撰」，移知蔡州。

我還沒讀完這一篇短短的列傳，幾乎就已經可以確認：王克純教授之所以引用阮葵生《茶餘客話補編》這一段文字的用意了。他其實並不希望我再從曹植個人的生平和情感去理解一個曾經遭到放逐的文學家究竟是「秋蓬惡本根」？還是「願與根荄連」？

反倒是陸佃──比起鼎鼎大名的曹植來，這個在宏觀的歷史地圖上幾乎令人無從檢索的小人物──

一給了我一個非常不同的理解角度：蓬草之所以會遇風拔旋、離棄本根，乃是因為它本來就必須透過遷徙才能存活。從一個比較抽象的理解層次來說：陸佃也必須背離他的老師王安石，才能真正發揮出由王安石所傳授的經術奧義。更激進地看：如果不能疏離整個時代運行的軌跡，蓬草一般的知識官僚便也無從彰顯他們在封建帝王所操控的機器裡容身的價值。甚至——非常諷刺地——他們必須流徙，才算安身立命。

陸佃本人生平行事其實成為一個有力的佐證，使「蓬」這種植物在文學中喚起的意象有了十分重大的開拓。蓬草不再是因風飄盪、隨時俯仰，且除了感慨失根、怨嘆懷舊之外，別無情感深度的感傷符號。從另一方面來看：「蓬葉末大於本，故遇風輒拔而旋。雖轉徙無常，其相遇往往而有，故字從逢。」反倒像是在鼓舞著那些因為見解不合時宜、議論不入時聽，政爭失敗、志氣沮喪，乃至於流徙、放逐的士大夫們：「人生何處不相逢！」

更可貴的，陸佃對於「蓬」的期許，似乎也超越了門第、超越了黨派。你彷彿能夠在這短短的一小段話裡感受到，他那「相遇往往而有」所形容的，既非新黨、也非舊黨；既非熙寧、亦非元祐。「轉徙無常」一語也絲毫沒有悲憐挫辱的情懷，反而給人一種兼容並蓄的寬大之感。質言之：陸佃似乎就是一棵在翻雲覆雨的風潮中飄颻到最遠處、卻仍向一群無論敵友、但凡值得敬惜之人道一聲「珍重」的蓬草。

然而，這還祇是我的對手這一步棋的一半而已。他為甚麼會貿貿然提出這麼一句：「祇不過阮公對於檳榔的厭惡，大概會讓很多流徙者的後代十分不爽罷？」仍舊須要進一步把梳。

其實，這兩句話可以說是天外飛來，讓我模模糊糊想到了甚麼，可又怎麼也想不起來：它究竟與一樁甚麼事有關？結果在書房裡踱了半個多小時，鬼使神差一低頭，看見我拿來墊垃圾桶底的報紙上有那麼一則算是「消息」的東西。

四月十七日《聯合報》的專訪，受訪者是中研院史語所學者林富士，標題是〈文人雅士食補　蘇東坡、朱熹也吃檳榔〉。訪問稿中提到：這位叫林富士的學者想要「以通古今之變的目的」寫一本《檳榔文化史》。「寫這樣的題目，當然會觸及台灣的檳榔西施，」這位教授表示：「他不會把檳榔西施看成是『社會問題』，而是『文化現象』。」他還建議：「政府與其取締檳榔西施，不如提升檳榔西施的藝術層次，扶植成為文化創意產業。」

我努力回想著四月十七號那一天，大約就是當我看到了「扶植成為文化創意產業」這一句之後，便把報紙塞進垃圾桶裡去了。

在這裡一定先要說清楚：我其實並不討厭檳榔。以前作電視節目熬夜剪接的時候，還多虧檳榔提神醒腦。我甚至認為：這兩年桃園縣政府大力取締檳榔西施是一種以公權力干犯老百姓生計的勾當。但是，我一聽見「不把檳榔西施看成是『社會問題』，而是『文化現象』」、或者「提升檳榔西施的藝術層次，扶植成為文化創意產業」這種鳥話就泛噁心，這是沒辦法的事。

那麼，我的對手是不是知道我把這張報紙塞進垃圾桶裡呢？在動這個念頭的同時，我忍不住扭頭看了一眼窗外——在我書房的外頭，有一株山櫻、兩棵龍柏和一整排密匝匝的竹子，應該不可能有甚麼人能在任何時候窺看到我塞報紙的那個小動作。那麼，王克純教授為甚麼會在覆手時莫名其妙地來上那麼兩句呢？看來祇有一個可能：他不但希望我注意阮葵生對於「轉蓬」所抱持的態度，甚至也希望我還能理解他對「檳榔」所抱持的態度。

那麼，這個態度跟流徙有關嗎？

關於阮葵生，我所知更少。祇依稀記得：他大約是清乾隆年間的人，做過刑部侍郎的官。此外，我還知道《清史稿·藝文志》有著錄，將阮葵生所寫的十二卷《茶餘客話》歸入子部雜家類雜說之屬。至於《茶餘客話補編》究竟是怎樣的內容？由何人補綴而成？甚麼時候出版？我就一概不明白了。而且，在我們這一場賽局之中，就算知道了也沒甚麼用，因為我的對手已經引用過的書，就是「三不」的禁令之三——「不可以出自同一本書」。然而，我仍忍不住如此想道：他會不會是希望我去翻看一下阮葵生對「檳榔」的看法呢？

我沒見識過那本補編，手頭倒是有一本《茶餘客話》。這一回並不太費力，我很快地就翻檢到〈吃檳榔惡習〉這一條。題已標之為惡，其不屑可知。

「大腹皮，本草言其性罪猛；破氣，虛損者忌之。其子即檳榔，性益加屬，今人多好食之、亦無恙。檳榔樹高五、七尺，皮似青銅，節如竹，其葉聚於杪。葉下數房、房結數百子，名『棗子檳榔』。中有實，如雞心，與海南子無異。粵人、滇人熟而後食，台灣人則生時即取食之，云可治瘴氣、消飽脹。以蠣房灰用柑子蜜染紅，合海沼藤食之。每會席，賓客前各置一枚。京師小人和蘇子、茜蔻貯荷包中，竟日口中咀嚼，唇齒搖轉，面目可憎，威靡數十千。近士大夫亦有嗜者。阮亭（按：即王士禎，別號漁洋山人）云：『轎中端坐吃檳榔』，貴人亦不免矣。范石湖云：『巴蜀人好吃生蒜，臭不可近。頃在嶺南，其人好吃檳榔，合蠣灰抹扶留藤，食之則昏、已而醒快。三物合和，唾如膿血，可厭。今來蜀道，又為食蒜者薰，作詩云：『南飧灰薦蠣／巴蜀菜先葷／幸脫蔞藤醉／還遭胡蒜薰。』邱濬贈五羊太守詩云：『階下星朦堆蜆子／口中膿血吐檳榔。』又《峒溪雜志》載：『蔞藤葉可以做醬。』即蒟醬也。』

初初這樣一讀，我大概可以猜得出：王克純教授也看了四月十七號的那張《聯合報》，大概他也受不了「提升檳榔西施的藝術層次，扶植成為文化創意產業」這種鳥話罷？那麼，我該附和他嗎？或者——駁斥他？

直覺告訴我：王克純教授想藉由阮葵生對檳榔的厭惡來隱喻一個政治性的態度，那是人類從聚居成部落性的動物之後就再也沒有改變過的一種歧視情感：距離權力核心越遠的地方所發生的一切就越骯髒、越邪崇、越野蠻。所以無論巴蜀、嶺南或者我們今天定居所在的台灣，看在阮葵生這樣的人的眼裡，其實就是「階下腥臊」、「口中膿血」的符號。

我很快地想到：那位想要「提升檳榔西施的藝術層次，扶植成為文化創意產業」的學者也許並不是一個愚蠢的蛋頭，反而是親切地體認到檳榔——做為一種邊陲賤民的可憎食物——其實祇不過是一個巨大的權力機器咀嚼之後任意唾棄到遠方的一種渣滓罷了。

流徙，於焉不祇是一種懲罰，而簡直是一種罪惡了。

「誰說中國人沒有原罪觀呢？」我在回覆王克純教授的電子郵件上打下了這樣幾個句子：「我們的原罪就是流徙，距離權力越遙遠，中國人的罪孽感就越深重罷？」

■

本文作者為作家。

〈流徙之戰〉剛剛結束，
《我們的知識遊戲》正在展開……

速度與移動

科技的過度開發，超出了人類需要，在移動的歷史中，可以說是最為明顯的。

超音速的協和號客機，可以說是人類在大氣層內快速移動的夢想，最成功的實現。驚人的速度讓全世界的有錢人趨之若鶩，即使座位狹窄到不舒適的地步也沒有關係，因為不但時間就是金錢，而且能夠早上從里約出門，去巴黎吃一頓飯再回來的想法，讓人不由得因為興奮而顫慄。

但是在經歷將近三十年的風光之後，協和號終於沒落，在2003年五月份正式走入歷史。三個小時從紐約到巴黎的驚人速度，卻敵不過傳統客機六個小時的經濟實惠，還有舒適。在協和號生涯的最後一兩年裡，不單變成英國航空公司和法國航空公司商務艙買一送一的促銷商品，甚至淪落到機票競標的網站skyauction.com裡的標售物，我就有朋友用一千元美金，標到了一張來回機票，回來之後他的感想是：「座位真是難坐極了，服務又差，真是沒有意思。」

人類對於移動與速度的狂熱，曾經讓工程師們，熱中於各種太空梭，子彈列車，以及賽車的設計，但是一旦速度到達如協和號的極限，有錢有閑的現代人，卻出乎意料地轉而追求速度相對來說緩慢的私人帆船，遊艇或是大型遊輪。在協和號客機沒有絲毫改進餘地的漫漫三十年中，豪華遊輪卻變得愈來愈大，也愈來愈慢，2002年底荷蘭籍的荷蘭美國輪(Holland America Line)，甚至推出一個名為「空間就是一切」的網站(www.spaceiseverything.com)，專門介紹該公司最新的Vista級豪華遊輪。顧名思義，這艘新船追求的不是更快的速度，而是寬敞的空間，標榜幾乎每一個房間都有專屬的陽台，讓不在乎花一百零九天環遊世界的有錢人，可以以每天早上在不同的國家醒來，端著咖啡到私人的露台上觀賞海景，因為移動的舒適，再度比起速度的追求，變得更加性感。

然而人類對於移動的夢想，從來就沒消失過。

距離感

我在英國的報上讀過一個失敗者的名字，我不記得他的名字了，只記得這個人對於航海充滿了狂熱，從中美洲厄瓜多爾海岸駕著獨木舟，預計橫跨大西洋。結果不懂任何水文和航海技巧的他，十多天之後，被人發現漂流在距離陸地僅僅十七英里的海上，哪裡都沒去成，只成了全國出名的傻子。

這並不是他的第一次壯舉，在此之前的幾年，他也曾憑著一股傻勁駕著獨木舟橫跨英吉利海峽。這段一般船隻只需要一個半小時就可以到達的旅程，花了他五十多天，雖然來回的船隻看不過去，幾乎每天經過的時候都要載他一程，但是都被斷然拒絕。結果他破了世界航行英吉利海峽最久的紀錄，成為茶餘飯後的笑柄，但是內心

移動的狂人：
發明家克里夫公爵

在成功或失敗的背後，更吸引我們的，
是這些人對夢想的熱誠。

文／褚士瑩

對於他的傻勁，無疑還是有些尊敬的。

另外有個英國人暱稱「老鷹艾迪（Eddie the Eagle）」的Eddie Edwards，稱他世界上最差的滑雪者（ski jumper）可以說是當之無愧。在1980年代，他不但有一大群忠實的觀眾，甚至還成為英國的奧運隊選手，原因是人們喜歡看他毫無止境的失敗出醜，卻還能夠樂此不疲。

在看似愚蠢的許多失敗之後，為什麼會有人能夠捨棄「文明」的移動方式，卻對費力的移動如此樂此不疲呢？無論是當年的萊特兄弟，還是今日在喜瑪拉雅山間背著背包的自助旅行者，獨木舟白痴或是愚蠢的滑雪選手，他們共同的信仰，恐怕都可以歸納成對於「距離感」本身的癡迷，那種因為航向未知的移動所帶來的興奮，恐怕是比藥物還讓人容易上癮。

克里夫爵士的Zeta

今天還在世的移動狂人中，最有趣卻也最少受到注意的，大概要屬英國的發明家克里夫爵士（Sir Clive Sinclair）了。

克里夫爵士最近的發明，是一種叫做Zeta的黑盒子。Zeta是Zero-Emission Transport Accessory的縮寫，首先在1994問世，售價是144.95英鎊，接著又陸續推出了兩個改良機型。雖然名字聽起來很氣派，但是說穿了，就是一個可以直接扣在腳踏前車輪上，一種附輪子的黑盒子，輸送帶連接前

輪，黑盒子裡的馬達是由腳踏車的把手控制，可以隨意開關。這種裝了Zeta的腳踏車，每小時能走十二點五英里，如果腳順便再踏幾下的話，速度還可以更快。

根據原型改良的Zeta II 售價降到95英鎊，比

克里夫爵士。

第一代更輕巧（馬達本身重量只有半公斤，加上2.5公斤的12V充電式電池），目前最新的Zeta III改良型，售價則是130英鎊，平均安裝時間只要二十分鐘。克里夫爵士的動機，是為上坡路段或是逆風行駛設計的，充電器只要隔一夜就會充滿，成本只要一分辨士，而且可以買備用電池，這樣一來上班來回就綽綽有餘。他相信這樣一來，原本覺得騎腳踏車會汗流浹背的上班族，就會改騎腳踏車上班了。

這種在蘇格蘭製造的「前輪驅動」車，透過郵購販售，在英國、荷蘭或美國，任何十四歲以上的人，都可以無照駕駛。

當然了，就如你我所知，英國人並沒有因此都改騎腳踏車，這個計劃成了克里夫爵士這輩子許多失敗的移動計劃之一，但是即使如此，他的傻勁到今天還是受到許多英國當地人的崇敬。

可以移動的電器

這位1940年七月三十日在倫敦南部出生的克里夫公爵，有一個弟弟和一個妹妹，父親和祖父兩代都是工程師出身，這或許是促成克里夫爵士對於發明如此狂熱的遠因。他從小就表現出早熟，對於學校的課業或一般運動項目都沒有興趣，也不太跟同齡的孩子往來，卻因為喜歡游泳和各種船隻，甚至用政府剩餘物資留下來的油桶，自己做過一艘潛水艇。後來家庭經濟狀況惡化，必須不斷轉學，但是對於數學的喜愛卻讓他在十來歲的年紀，就自己用卡紙以0與1的語言製作了第一台計算機。當後來他發現原來已經有其他人開始用同樣的進位法速算時，既吃驚又失望，但是也讓他意識到自己的天份。

青少年時期，克里夫開始熱中於製造改良電器，在自己的房間裡組裝，不斷嘗試如何讓電器變得更小更輕巧，同時在高中時就寫了一個自創公司的營運計劃。他把公司取名叫做C M Sinclair's Micro Kit Co，裡面充滿了各種新發明產品的計劃，為了知道大公司怎麼籌錢，去當時頗負盛名的科技雜誌Practical Wireless應徵當編輯助理。進了這個雜誌以後，他才知道原來整個雜誌社就只有他們三個人——主編、編輯、再來就是他這個助理，當編輯因病退休後，克里夫立刻就晉級編輯，到了十八歲，他決定不繼續上大學，成了這個雜誌的主編。

對他來說，這份工作輕而易舉，不但有充足的時間做自己想做的事，還能同時繼續想該如何成立公司。很快地克里夫就被更大的出版大亨Bernard Babani挖角，這期間克里夫繼續從事自己的發明，兩三年後，終於成立了自己的公司Sinclair Radionics Ltd，孤注一擲郵購販售自製的「世界最小的揚聲器」，出乎意料地成功，他的發明成了英國的傳奇。克里夫爵士接下來陸續的發明，無論是口袋型發報器或是家用電腦，都是為了便於人類的「移動」而誕生的，因為他立志要讓電器變得更小更好，更便於移動——無論是有形的喇叭，或是無形的資訊。

可以移動的電腦

在1979年以前，克里夫爵士的產品都是前所未有的全新發明，但是他卻決定投入當時已經被Commodore，蘋果，以及Tandy壟斷的電腦市場。當時的電腦多半是供實驗室、公司或是大學使用的，一般家庭並沒有電腦，所以克里夫希望能夠發明一種便宜實用的家用電腦，讓大家都能享受。於是，ZX80就在1980年一月誕生了，當時的廣告詞是「世界上最小最便宜的電腦」，售價只要99.95英鎊，尺寸只有九吋乘七吋。

為了要讓價格平民化，克里夫的電腦不用昂貴的螢幕，只要外接一般電視就可以了，而且程式跟記憶體，都用一般的錄音帶儲存，4K-byte的速度在今天看起來似乎可笑，但是對於想擁有電腦的一般人來說，再適合不過了。雖然下載一個小小的遊戲程式也得花上半天，還要將音量正好調到8才行（到現在還沒有人知道為什麼），但是這並不能阻止顧客們蜂擁而上，連克里夫本人對於這項產品的成功也大感意外，很快就賣出了兩萬台。於是他很快地推出了有外接式16K RAM的

新型，但很不幸的，這個外接盒太過敏感，就算一陣風吹過，如此輕微的震動也會中斷連線，讓辛苦一天的工作化為泡影。1981年改良後的ZX81解決了這個問題，還同時推出只有手掌大小的專用印表機。在靠寬頻網路就幾乎可以輕易地到世界任何角落、取得任何資訊的今天，這樣的資訊移動看起來似乎不算什麼，但是ZX81可以說是歷史上，第一次讓電腦資訊可以輕易地藉著一捲廉價的錄音帶移動，而不再是有錢人的專利，克里夫頓時成為平民心目中的英雄人物。

為了攻佔市場，這些電腦以60英鎊的低價賣給學校，連印表機也只要90英鎊，結果一年內就在全世界賣出三十萬台。1982年初光是英國、一年就製造五十萬台，坊間開始出現同好會、專用雜誌、教學書籍、遊戲開發商，以及各種周邊產品。接下來的第三代有彩色畫面的ZX Spectrum，分成16K和48K兩種記憶體，成為這一代許多英國年輕人成長裡不可或缺的記憶。到了1984年，克里夫推出商用的QL型，但是因為設計和出貨的種種問題，最初的風光終於黯淡，但是這種攜帶型的電腦，已經深植在33個國家的用戶記憶中。

克里夫的低價電腦，同時讓男人也開始學會打字，在此之前，打字清一色是女人的工作，直到八○年代初期，英國的學校教育，打字課還是女生的專利，男學生則是上木工和金工課。趕上這股風潮的，不單是年輕人，買克里夫家用電腦的另一主要顧客，其實是退休老人，這些對於世界充滿好奇、卻缺乏機會親身造訪的年輕人和老人，正是1980年代帶來資訊大量「移動」的地下軍團。

克里夫爵士在家用電腦的風光時代後，將他對於移動的夢想，從攜帶型的電器，轉移到實際上的交通工具，C5電動車就是他的發明之一，這種如今在eBay拍賣網站上，要價九百英鎊、模樣可笑的小車，收藏價值遠超過實用價值。

售價399英鎊的C5電動車，其實稱不上是車子的替代品，實際上，更像是改良式的三輪車，用蓄電池發電，也可以用腳踏板輔助，時速故意控制在最高時速十五英里，所以任何人不需要駕照都可以開。問題是英國的冷天，讓這個電動車很難超過每小時十英里，加上車子重量太重，幾乎不可能用腳踏板發動，排氣管正對著臉，對於呼吸新鮮空氣顯然沒有幫助。此外，因為車子高度太矮，一般車子的駕駛人幾乎看不到他們的存在，在倫敦繁忙的上下班時間，簡直是險象環生，故即使荷蘭這個向來最鼓勵環保和腳踏車的國家，也下令禁止C5電動車上路。這無疑是宣佈這項發明的死刑，所以才幾個月就停產了，全世界一共賣出一萬七千台而已。

這項發明雖然失敗，並且拖垮了克里夫爵士公司的財務，但是克里夫發明這種看起來像是比薩送貨車的電動車，想要取代汽車的雄心壯志，卻讓英國人對這位移動的狂人念念不忘，甚至還有位忠實的擁護者，把C5改裝到時速七十英里，表演通過烈焰熊熊的隧道。英國人長年來追隨著他的各種荒誕發明，為的其實不是那些發明，而是克里夫爵士那種移動的夢想，所帶給升斗小民的自由和趣味，那是超音速的協和客機永遠沒有辦法取代的。　■

本文作者為作家。

C5電動車

兒子這樣問媽媽：「媽媽，最遠的地方在哪兒？是不是坐飛機去的？我很想去呀！」這個母親，作家新井一二三說：「如今我知道：最遠的地方不是坐飛機、火箭去的；在人生道路上過的時間，才是最遙遠的旅程」。

旅行
生命禮儀的現代進行式

有時候，經歷一趟旅行、一次朝聖，
就如同通過一場成長祭禮般，
身份、自我認知都改變了……

文／楊心禾

過渡期的安卓珍妮

人生每個階段的變換，都和旅行有著密不可分的關係——父親數以億計的精子努力不懈的、拼了命游向子宮，沿著輸卵管，游至卵子的旅程大約需要八分鐘，對！只需八分鐘就醞釀出一個生命的開始。開始唸書在學期結束後升班前的暑期旅（留級者大抵應該沒有心情去旅行吧），然後就是代表告別學生身分，正式踏入社會工作前的畢業旅行、告別單身展開兩人共同生活的蜜月旅行、和朝九晚五的生活說再見的退休旅行，以及生命結束後骨灰灑落大海、眾親朋好友送你的最後一程。

法國民俗學家Arnold Van Gennep在其著作《Rites De Passage》（法文原著於1909年出版，直到1960才出現英文版）中，把「生命禮儀」解釋爲「地方、狀態、社會地位及年齡上的轉變伴隨而來的禮儀」。這種「過渡期」的禮儀，像成年禮、婚禮、葬禮等，標誌著三個連續、但不同型態的階段：脫離（Separation）、臨界／邊緣（Limen）和再集（Reaggregation）。「脫離期」就是個體離開他在社會上原有的身分、位置；「臨界／邊緣期」則是在經歷禮儀過程中個體其身分變得不明確或模糊——一方面他不再屬於舊有的狀態，另一方面卻還沒有得到新的身分；「再集合期」就是該個體進入一個新的平穩狀態，重新得到他在社會的權利和義務。

如果把上述人生每個階段和旅行的關係，套進入生命禮儀的理論中，那麼「旅行」就可以視爲城市人的一種現代祭禮，旅行代表了一個人生階段的結束，另一個全新階段的開始；個體經歷時空上的變換的同時，也經歷精神思想上的變換。中國人安土重遷、「在家千日好，出門一日難」的觀念，令他們十分重視旅行出門這件事，無論是爲了到外地升學、工作甚至是流浪也好，親友都會在起行前來個餞別宴，也就見證著這個現代祭禮的儀式。人類學家Victor Turner繼承了Van Gennep「生命禮儀」的觀點，當中令他最感興趣的是個體經歷「臨界／邊緣」階段時的特徵——個體經歷這個階段時都會被視作爲中性、同質的，沒有階級、性別、貧富之分，Turner稱這種社會型態（Social Form）爲「Communitas」。「臨界／邊緣」階段代表了旅行的整個過程：期間個體離開了原本生活的地方（亦可視爲社會學家Erik

Cohen所說的個體的中心點「Center」）到了旅居地（邊緣地「Periphery」），脫離原有社會給他的身分地位，他不再是公司裏受老闆氣的小員工，也不是活在眾人目光下的萬人迷大明星。

不會魔法的祭師

無疑旅居地對個體來說變成了一個反結構（Anti-structure）之空間，從受壓到放輕鬆，令個體有一種身心解放的感覺，導致他們的行為變得反常，甚至連自己的身分認同也改變。這是為甚麼我們和陌生人在飛機上短短幾小時內，可以聊到平時連親人好友也不會談到的內心話，和為甚麼一個平時膽小如鼠的人夠膽玩「笨豬跳」、或連最循規蹈矩的人都會去紅燈區溜溜或希望會發生甚麼「艷遇」。禮儀中的祭師一樣會在旅途中出現，因為他們已化身為當地的飯店／食肆的服務生、導遊、計程車司機等（國家地理頻道便製作了一個「The $100 Taxi Ride」的旅遊節目，搭計程車就是認識異地的一個很有趣的方法），個體把自己的「生命」交托在他們手上，而他們則在個體經歷「臨界／邊緣」階段時提供引導，令個體順利適應這個過渡期。個體在完成旅程後回到原居地，便投入一個全新的社會崗位、背著新的責任，一切在旅行期間的反常行為也隨之消失。

在電影《Two For The Road 儷人行》裏（柯德莉夏萍、阿伯特芬尼主演），全劇以不同的旅程帶出人生重要的轉折處——背著行囊徒步旅行帶出一無所有、卻活得輕鬆自在的兩個畢業生，在旅途中遇上了繼而相戀，到結婚生子、認識工作上的貴人、夫妻不和、發生外遇，到最後言歸於好，刻劃了十二年的婚姻關係中所經歷的蜿蜒曲折、高高低低，這一切生命微妙的交集都發生在

Corbis

西藏朝聖者在往西藏聖山「凱拉斯」（喜瑪拉雅山北部）路途上作俯臥朝拜。前往凱拉斯的路途困難艱鉅、氣候惡劣，尤其Drolma La pass山峰的高度就有超過5200米那麼高，空氣的含氧量比水平線地區少25%，很容易會患上高山症。即使路途如何險惡，然而到這裏朝聖可算是佛教或印度教徒，在尋求聖靈生命上的一種實現，也是一生中必定要完成一次的旅程。

一次又一次的Road Trip上。電影還運用了出色的剪接技巧，把不同級數的車子（主角從搭便車到擁有賓士），象徵主角經歷人生不同階段及社會地位的轉變。描述生命禮儀的電影（像《Cinema Paradiso 新天堂樂園》亦父亦友的放映師鼓勵男孩離開家鄉到羅馬追尋理想，三十年來流落在外，男孩長大了還成了一個有錢人，他終於回家卻是為了參加放映師的葬禮）好像特別受歡迎，因為它們都可以喚起觀眾的成長經歷和自我發現的歷程，所以看得特別投入。

大無畏的狂熱分子

不能不提另一種同樣對個體帶來「變換」功

能的旅行形式──朝聖。朝聖也包含「生命禮儀」那種改變個體身分的性質，而且進入全新人生階段的「重生」意味更濃。但跟其他旅行相反，朝聖地被個體視為尋找道德及靈性價值的終極中心點，而不再是邊緣地。「聖地」就是個體或各宗教所認定為聖潔的地方，像基督教的耶路撒冷、伊斯蘭教的麥加以及媽祖的莆田湄洲島等。聖地是那個信仰的中心所在，成為中心點是因為那個地方是該宗教創始者的出生、死亡或曾彰顯神跡的地方。西方學者常以「二分法／二元對立」來分析有關朝聖過程中所附帶的象徵意義，即聖潔（聖地）／世俗（原居地）、心靈（朝聖）／肉體（消閒旅遊）等，這不免太過籠統，因為有某些旅遊的性質就是處於兩極中間，像參加由旅行社所辦的甚麼「風光旅遊朝聖團」、「祈福法會」等，就是宗教和商業活動的混合體。當你到台北永和市的「世界宗教博物館」參觀，它就位於一間百貨公司的樓上，這個「參觀旅程」當然算不上甚麼朝聖，但也代表宗教也可以很世俗。

由於朝聖是信徒對神明作出的個人承諾、是完全自願的，所以經歷越多的苦難和犧牲（疾病、意外、天然災害等），越感受到他們信奉的神與自己同在。整個朝聖旅程對個體就顯得越有價值，旅途中所看、聽、嗅到的一切奇異事物，都會為整個朝聖增添特殊意義。2001年3月在麥加的傑馬拉特橋舉行一年一度的朝聖儀式，由於朝聖者太多，結果發生了人群互相踐踏的事件，35名來自不同國家的伊斯蘭信徒在混亂中被踩死或窒息而亡（最嚴重的意外發生在1990年，有1426名信徒死亡）。有民間信仰（尤其是帶有「救贖」性質的宗教，像基督教和伊斯蘭教）認為如果死在朝聖地，信徒的靈魂就可以直接到天堂或極樂世界，而死亡也就總結了信徒生命的價值（《*Blazing the Trial : Way Marks in the Exploration of Symbols* 》Victor Turner：1992）。

在朝聖路途上經歷的一切，對教徒日後的生命有著很深遠的影響和改變，使他們更有信心去面對日後人生的痛苦。《西遊記》（曾被譯成為《佛徒朝聖記》1930），所寫的是「聖僧」唐三藏和孫悟空等四師徒同往西天取經的歷程，以「悟」及「修心」為主題。而在張靜二所著的《西遊記人物研究》（1984）一書中，就是以「Rite of Passage」的角度把西遊記的敘事模式看為：分離、轉變、返回。歷盡苦難取得西經的過程中，每個主角在性格上都有著很大的轉變，而這種脫胎換骨的轉變成了他們得道的最大原因（如孫悟空由本來的狂傲不馴到對唐僧的尊敬）。孫悟空雖則有一躍千里的觔斗雲，卻反而令他越走離開西天越遠，最終都是腳踏實地、乖乖的克服八十一個考驗才取得西經，這就和上述信徒在朝聖旅途中所要面對各種困難的情況大同小異。

時至今日，我們可以把朝聖放在與宗教以外的情況，而且配合便捷的交通工具，個體也未必需要歷盡千辛萬苦、翻山涉水才叫「朝聖」──「筠園」、歐索普小島（Althorp Park）及格雷斯蘭（Graceland）等，都被無數「信徒」視為「聖地」，因為它們分別是現代Icon人物──鄧麗君、戴安娜皇妃還有貓王的故居或墓地，成為旅行團的指定「世俗聖（勝）地」。同樣的，一個五歲的小孩，可能都是懷著有如教徒朝聖般的心態，獨自一人走到離家兩個街口的麥當勞，為的是要得到渴望已久的一杯巧克力聖代。　■

Part VI
移動與閱讀

與移動有關的50本書
以及網站

與移動相關的網站推薦

詳細介紹與內容，請刮開封底摺口的密碼，上網查閱。

關於移動的思想與文化

《易經繫傳別講》南懷瑾／著（老古文化）

《易經》是群經之首，也是中國本土文化裡最早也最高的一顆明珠。《易經》一方面探究宇宙萬物時時刻刻都在變易的現象，一方面又追求在這種變易中不變的道理，因而形成動靜、陰陽，一切沒有絕對而只有相對的思想體系，對中國人動與不動的文化影響深遠。當然，《易經》是很不好了解的，不過，即使沒有讀過，完全沒有接觸，《易經》還是早就走進我們的生活裡。再沒有接觸過《易經》的人，也總會聽過「利有攸往」、「利見大人」、「利涉大川」這些說法。

自古以來，研究《易經》，都先從孔子研究《易經》的心得而作的＜繫傳＞著手。因此不必為《易經繫傳別講》的書名卻步，作者為＜繫傳＞再做的解釋，非常生動、明白。（傅凌）

《莊子》傅佩榮／譯注（立緒文化）

莊子在＜刻意＞中，一口氣列了五種人的行徑：「刻意尚行，離世異俗，高論怨誹，為亢而已矣。……語仁義忠信，恭儉推讓，為修而已矣。……語大功，立大名，禮君臣，正上下，為治而已矣。……」各加評論之後，然後說出他認為人的行動的最高境界：「若夫不刻意而高，無仁義而修，無功名而治，無江海而閒，不道引而壽，無不忘也，無不有也。」

莊子的「無為」很容易讓人以為是消極的無所作為。這真是對他最大的誤解。什麼事都不做，卻能「無不有也」，不是他要說的。莊子是獨樹一格的，多了解他一點，有助於我們自己的移動也有些風格。不過《莊子》很難讀懂，因而推薦本書。這本書譯注十分生動淺顯，可以從而著手。（傅凌）

《論人類不平等的起源和基礎》Jean-Jacques Rousseau／著 高煜、高毅／譯（廣西師範大學出版社）

「一切都在改變模樣。至今還在森林裡流浪的人，找到比較固定的棲息地後，漸漸都聚攏起來，形成許多部落，最終在各個地區形成一個個各具特色的民族。……人們開始習慣於聚集在茅舍前、大樹下，唱歌跳舞這種愛情和悠閒的真正產物變成了娛樂……每個人都開始關注他人，也都希望被他人關注，希望受人尊敬。誰歌兒唱得最好，舞跳得最好，長得最漂亮，最強壯，最機靈，最有口才，誰就最受青睞。這就向不平等邁出了第一步，同時也是向墮落邁出了第一步。」盧梭從人類起始，一直到他那個時代（十八世紀）為止，拉出一個時間軸，然後把人類各種活動所造成的影響，做了大刀闊斧的剖析。要探索人之為什麼不斷採取那麼多行動與移動，這是一本應該讀的書。（傅凌）

《空間就是權力》畢恆達／著（心靈工坊）

一般人對空間隱含的意涵及權力關係習而不察，畢恆達在美國修習環境心理學之後，赫然發現空間帶來的層層權力觀，於是透過這本豐富的《空間就是權力》，深入淺出地告訴讀者，可以怎樣看待我們身邊的空間。不只是日常起居的場所或學校，甚至使用、身上配戴的東西、塗鴉、地圖等，都有其空間意涵。

體會空間可能是強勢者塑造的控制環境後，畢恆達也告訴讀者，要怎麼體察空間對弱勢族群，好比身心障礙者、同性戀、老弱婦孺等的不便，進而孕育讀者的同理心，不但能多注意我們所接觸的空間，也能讓更多人不在相同的空間裡遭受歧視。

體察空間的權力關係，也是個人更瞭解自身的一種方式。本書展現在讀者面前的，是個豐富且令人動容的視角，可作為認識空間的絕佳入門書。（Debby）

《金窩、銀窩、狗窩》（*Home：A Short History of an Idea*）黎辛斯基（Witold Rybczynski）／著　譚天／譯（貓頭鷹）

我們無法想像，一件明清樣式的座椅，如何使坐慣沙發或氣墊式座椅的我們感覺舒適自在？也許當時人們對於「坐」這件事的要求是端其言正其行？走訪歐洲看到許多教堂、古堡或老宅，也會對那些木料極佳、手工精美的傢俱感到讚嘆，而同時在具體的陳設前也還是會發出相同的疑惑：這些人當時的生活是什麼模樣？

打開本書，就像打開通往別人家的後門（雖然現在居住公寓的人已然失去串門子的樂趣）般，窺見古今各國的生活環境，對照自身的條件，我們也許可以發現解決自己對於空間渴求的終極方案。（沈心怡）

《*Sociology Beyond Societies：Mobilities for the Twenty-first Century*》John Urry／著（Routledge）

作者企圖發展出能夠適應新世紀社會學需要的新分析「範疇」：移動性。作者認為，社會學要能適當認識當前的全球年代，就必須拋棄原本慣用的概念，亦即認為社會是一組有邊界的制度，而將焦點轉移到研究各種運動，即實質的、想像的與虛擬的各種移動。

這本書考察這種「移動性的社會學」，關注人群、觀念、影像、物體、訊息、廢棄物和金錢的旅行，如何穿越國際邊界；各種全球網絡和流動如何破壞了原本的社會結構；以及這些移動之間的複雜互賴和社會後果。本書也探討了這些移動性對於時間、空間、居住和公民權利的可能影響。本書延伸了近年來有關全球化的辯論，分析了移動性如何以不均衡且複雜的方式，重構了社會生活，並主張物體、感官、時間和空間在全球過程的理論中，都擔負重大角色。（王志弘）

《浪遊之歌－走路的歷史》（*Wanderlust*）雷貝嘉・索爾尼（Rebecca Solnit）／著　刁筱華／譯（麥田）

步行的歷史其實是一部蘊藏著豐富意涵的文化史。步行的史料散布在無數的書本、歌謠、街道甚至每個人的步行經歷之中，面對這麼龐大的歷史對象，要怎麼建構起一套歷史敘述呢？藉由哲學、人類學、宗教、建築、庭園、文學、性別乃至社會變遷、政治史、城市史等等不同領域的巧妙佈局，照應著縱向的歷史變化，作者雷貝嘉・索爾尼不疾不緩、悠閒自若地引領我們進入這部歷史，漫步遊走其中。

藉此希望能帶領讀者找回步行的喜悅，重新整合身體、想像力與寬闊的世界。如此將有更多的詩人、哲學家、革命份子、徒步旅行者、闖紅燈的行人、妓女、觀光客，繼續走出一個更豐富的步行歷史。（Leftmoon）

《*One-Way Street*》班雅明（Walter Benjamin）／著（Verso）

德國哲學及社會評論家班雅明，1940年因為逃離美國失敗，被困於納粹德軍所佔據的巴黎，因為不甘落在秘密警察手中因此而自殺身亡。班雅明由本來的無政府主義者，後來卻變成很受馬克斯主義的影響。《*One Way Street*》是一本現代主義的經典，班雅明這種全新的「併貼」寫作手法，就仿如電影所運用的蒙太奇拍攝手法，將城市生活切割成塊。在他眼中的世界就是由個人主觀印象，和無數東西帶出的象徵意義湊合而成，這些碎片包括夢境、生活經驗、童年回憶、政治／文學評論等。因此，城市面貌對個人來說不會永遠保持不變，而是取決於個人不同時候的回憶和觀點而出現變化，當中有真實也混合著幻想成分。同時，班雅明認為城市建築像個舞台，住客在建築物內移動進行各項活動，令人和人、人和空間、文化和建築物之間交織一種複雜的互惠關係。（楊心禾）

關於移動的歷史與知識

《槍炮，病菌與鋼鐵》（*Guns, Germs and Steel*）賈德・戴蒙（Jared Diamond）／著　王道還／廖月娟／譯（時報）

相信進化論的人認為猿猴因為開始用兩腳走路，令雙手空出來製造各種工具，人類先祖的腦袋因而變得越來越聰明。越早脫離獵獸生活進入農業社會的族群，文化也比其他族群越先進，最後其他較弱小的民族被他們所吞滅，產生種種的不平等現象。曾獲「普立茲新聞獎」的戴蒙德認為，人類文明的發展，是基於地理及環境所影響。自從人類開始馴養動物，生活變得安穩富裕，但同時我們亦成為病毒散播的主要媒介，本來是一片淨土的北美洲，自從被白人佔據後，隨他們而來的傳染病令大量原住民死亡。從十四世紀歐洲的鼠疫，到最近的SARS，病毒散播的威力和人類的移動能力有著密不可分的關係，這是文明帶來的後果，同時亦對文明造成很大的衝擊。（楊心禾）

《中西交通史》方豪／著（中國文化大學）

市面上探討中西交通，或是中西文化交流的書並不少，但不是失之於太簡略，難以掌握全貌，就是篇幅太大，資料太多，當工具書可以，讀起來則不容易。

因而這本最早於1953年出版，新版則於1983年出版的著作，經過多年的口碑相傳，在今天看來仍然是最好的選擇。全書的時間軸上，從史前時期開始，一路歷經中國各個朝代而到近代，空間軸上，則包括與中亞、歐洲、南洋等各個地區的互動。內容則雖然名之為「交通史」，但交通的主題只是作者下筆的軸線之一，事實上包涵了文學、科學、醫學、藝術、音樂、軍事等，中西文化及文明各個層面的相互演化，足以讓人體會到交通也在人類歷史上的觸媒及催化作用。

最後要提的是，作者的文筆非常平易、生動，因此不但太多豐富的資料可供參考，最重要的是可以非常自在地閱讀。（傳凌）

《古地圖集精選——透視地圖藝術與世界觀的發展》菲利浦・艾倫（Phillip Allen）／著 薛詩綺、張介眉／譯（貓頭鷹）

這是一本地圖集的地圖集，由英國伯明罕中央圖書館珍藏的地圖集編印而成，全書共收錄46本世界重要古地圖集，並從各角度剖析地圖與時代的意義。

從希臘哲學家薩摩斯的畢達哥拉斯（Pythagoras of Samos）發展出地圖測繪學開始，綜合圖像、文字的地圖集，不僅僅是各時代航海家與探險者的重要工具，更是理解當時人類對於世界認知的重要文獻。早期的地圖集是非常珍貴的物品，常有精美的皮革裝禎，並以黃金鑲嵌裝飾封面，也融合了各種神話故事、宗教圖像，地圖不只是工具。

隨著各種技術如刻繪、測量、儀器、印刷術的進步，以及其他相關知識如數學、天文學以及地理學的發展，地圖的繪製越趨精密，人類移動的範圍日益擴大，世界的樣貌逐漸清晰，所以，儘管地球只有一個，但是在不同時段的地圖集中，卻可以發現不同世界。（莊琬華）

《大航海時代的台灣》湯錦台／著（貓頭鷹）

為這本書寫推薦序的許倬雲說，這本書是「台灣研究領域裡的罕見之作。此書不但將台海歷史的前段有了交待，而其更重要的貢獻則是將台灣歷史放在世界史的格局中，討論西太平洋的海權競爭。」而作者則自稱「這本書是探討十七世紀台灣脫離原始狀態被動接受外界文明的一本著作」。

全書共分十章：一，西洋人口來之前的台灣社會；二，衝破海禁的閩南人；三，佛朗機人來了；四，從太平洋過來的西班牙人；五，南向政策下的日本；六，後來居上的荷蘭人；七，鄭芝龍的興興；八，荷蘭人統治下的台灣；九，鄭荷對決與台灣歸清，到最後的歷史對比與反思。

本書值得一提的是大量精彩的圖片，讓閱讀的方便與樂趣都增色甚多。（傅凌）

《瘟疫與人》William H. McNeil／著 楊玉齡／譯（天下文化）

這本書的英文原著雖然是1976年出版，離今天已經有相當時間，但是讀來仍然覺得所言猶新。

著者麥克尼爾是位史學家，結合了歷史、傳染病史、文化史，寫成了一部生動有趣，任何一位不懂術語，不了解醫學的讀者，都不會覺得生澀枯燥的書。要讀這本書的原因，不只是因為今天有個新生傳染病的原因需要我們特別關切，也是因為這本書以非常寬闊的角度，把人類歷史的發展，以及傳染病之間的關係，做了多面向的切入說明，因而中文版副書名也定為「傳染病對人類歷史的衝擊」。還有一點很特別的是，作者對中國歷史及傳染病的研究，顯然是下過很大的功夫，因此有很多地方都可以給我們按圖索驥，或是進一步比對、查證的基礎。（傅凌）

《人與獸》加科・布德／著 李揚、王玨純、劉爽／譯（山東畫報）

人類最早的競爭和移動，都是和動物有關。

我們祖先面對許多龐然的巨獸或動物，只能先是躲避。後來有足夠工具之後，再進而追殺。然後，「一旦基本的要求被滿足之後」，動物的移動又成了人類的夢想，「他們想的無非是能像魚一樣游，像鳥一樣飛，或者像鹿一樣地跑」。再接下來，隨著文明的進展，等人類有能力馴服動物之後，各種動物為人所用，於是到近代之前很長一段時間裡，人類又是倚靠動物而移動——不論移動的目的是為了覓食，發動戰爭，尋求貿易機會，還是爭取愛情。這一本文圖並茂的著作，探索人類與動物的各種關係，可以幫我們從另一個切入點，來觀看自己歷史與文化的形成。（傅凌）

《國際遷徙與移民》（International Migration）Peter Stalker／著 蔡繼光／譯（書林）

2000年6月，在英國多佛港的貨櫃中，發現了58名窒息而死的華裔偷渡客，這是近年來最悲慘的移民事件。然而各種合法的、非法的國際遷徙，仍是前仆後繼，同時，移民為接納國所帶來的疑慮，也未曾消逝過。

在先進國家與落後國家不平等的政經結構中，移民被扣上「竊佔工作機會，佔地主國便宜」的帽子。本書作者Peter Stalker曾在國際勞工組織任職過，因此有機會用全球性的眼光觀察國際遷徙的問題。經由許多數據、圖表的佐證及分析，他認為移民創造了工作機會，所付的稅額也可能比耗用的社福資源來得高，除此之外，更為所定居的社會帶來多元、強韌的文化。美國就是最明顯的例子。本書提供了一個反省的視野：對台灣來說，從國家政策到社會認知，我們是否歧視、甚至打壓了這些對斯土有所貢獻的外來者？（藍嘉俊）

《地圖權力學》（The Power of Maps）丹尼斯・渥德（Denis Wood）／著 王志弘、李根芳、魏慶嘉、溫蓓章／譯（時報）

在廣告看板上充斥著市郊新房屋的廣告，每一棟公寓在精心度量下都變得交通便捷而且毫無缺點，彷彿就是有那麼碰巧，新建房處處鄰近通衢大道、處處緊挨交通要點，他們一再強調：「只要十分鐘」，就可以沿快速道路到達都心勝地、「只要五分鐘」就可以到達捷運轉運站……在動過手腳的地圖上，兩條相隔老遠的道路也可以櫛比鱗次排列著，而新建地被書得老大並且永遠位於地圖中心點，彷彿只要進駐便佔進了宇宙中心點，整個太陽系都會繞著你旋轉……我們眼見的地圖動過太多手腳而背後有太多眼睛與審美觀檢查過，如果照單全收，那恐怕你的世界會變得很偏狹與殘缺，《地圖權力學》討論的不僅僅是空間的問題，還有關於社會權力如何在這種小地方上運作的論題。（erreur）

《飛行簡史：從熱氣球到超越三倍音速》

（*A brief history of flight: From Balloons to Mach 3 and beyond*）
賀本海默（T. A. Heppenheimer）（商周）

身為航太工程博士，本書是作者繼「騷動的天空：商用航空史」及「倒數計時：太空飛行史」之後，第三本關於「飛行」的著作，無疑是更為接近普羅大眾的科普書，書中盡言人類自從實踐並且瞭解移動樂趣之後，更嚮往將移動方向指向天空，雖然大多時候總是敵不過地心引力，但是前人的苦心研究終於開花結果，讓身為後人的我們得以享受舒適便利的飛行航程。

書卷以浪漫的熱氣球揭開序幕，一路帶領我們搭乘齊柏林飛船、林白的聖路易精神號、道格拉斯的機隊、德國噴射機，然後在旅途中，我們認識了霍華休斯、諾斯洛普、葉格將軍、凱利強生等人，最後，我們搭乘一般客機在世界各地來來去去，如此有趣卻又鉅細遺靡，讓我們親眼目睹許多歷史性的一刻，那種興奮與感動，恐怕就跟初次在度假海灘體驗水上拖曳傘一樣吧？（沈心怡）

《福爾摩沙大旅行》 劉克襄／著 （玉山社）

本書敘述十九世紀西方人在台灣旅行所留下的紀錄。作者指出，當時西方人到台灣旅行留下的文字複雜多樣，他所選取標準是，時間上大致從1860年到1885年為止，文體上限制在日誌式的旅行報導，地區則集中在西海岸的旅行。

全書分成三部分。一、北部的旅行。介紹英國生物學家柯靈烏基隆河之旅、英國淡水領事柯伯希淡水河紀行、英國淡水海關稅務司韓威禮的南勢溪遊歷。二、南北縱貫的旅行。介紹馬偕醫師和巴克斯船長的雪山之旅、英國領事艾倫從淡水到台南的見聞、英國商人柯勒從台南到淡水的西海岸紀行。三、南部的旅行。介紹英國攝影家湯姆生從台南到六龜的內山紀行、美國博物學家史蒂瑞到大武山調查、英國皇家地理學會會員畢齊禮與清朝官員周有基從打狗到鵝鑾鼻。

除了這些旅行者留下的紀錄外，作者不但重訪他們當年所到之處，拍攝或繪製相關圖片，並且寫下許多註解，使讀者有如臨現場之感。（徐淑卿）

《*ATLAS OF WORLD HISTORY*》 Herman Kinder and Werner Hilgemann／著

Ernest A. Menze（英文版）／譯 （Penguin）

這本書的原著是德文，因此這裡介紹的是英文版。

這本書不必多說什麼，看一下圖示的內容就可以知道其特色。每一頁右頁是歷史的演變，左頁是該時期歷史及各民族發展、移動的路線。由於說明簡潔，圖示清楚，可以非常容易就掌握人類的歷史是怎麼移動出來的。（傅凌）

關於各種遊歷

《伊本‧白圖泰遊記》 伊本‧白圖泰／著

馬金鵬／譯（寧夏人民）

伊本‧白泰圖1309年出生於摩洛哥古城丹吉爾。從1325年開始，他進行三次朝覲之旅，歷時二十九年。他曾四度到麥加朝聖，足跡遍布摩洛哥、阿爾及利亞、突尼斯、西的黎波里、埃及、巴勒斯坦、黎巴嫩、敘利亞、伊拉克、波斯、葉門、印度、阿富汗、花喇子模、土耳其、中國、安達盧西亞等地。

這本遊記是伊本‧白泰圖口述他在旅遊中的所見所聞，執筆者為賈勒族蘇丹阿布‧安納尼的秘書伊本‧朱賀，全書於1356年完成，初名《異域奇遊勝覽》。作為一本記述新奇事物見聞的遊記，這本書充滿各種有趣的故事甚至細節，比如他就發現中國的雞非常肥大，比他們的鵝還大，他甚至以為牠們是鴕鳥呢。不過除了奇聞軼事外，十四世紀伊本‧白圖泰所看到的景象，和今天卻有驚人的相似處。比如在177頁，他描述自己看到的巴格達，和過去擁有的崇高地位相比，現在已經是名存實亡了。「它屢遭變亂，數遇災禍，已如消逝的朝霞，或如幻想中的偶像。」豈不像是為今天的巴格達預發了訃告。（徐淑卿）

《走向世界》 鍾叔和／編著 （百川書局）

本書介紹的是中國近代最早與西方、東洋接觸的知識份子。全書可粗分成四部分，第一章回溯中國古代通西域的事蹟；第二章則以馬可波羅與傳教士為例，敘述西方文化開始接觸中國的過程；第三章則是介紹1840年以前，中國門戶尚未開放時，三位中國人因為偶然的情況到過歐洲，並且留下記錄。從第四章到末篇二十三章則是本書的重心，以林鍼、斌椿、張德彝、容閎、王韜、郭嵩燾、曾紀澤、薛福成、黃遵憲、康有為、梁啓超以及1911年前唯一留有外國遊記的女子單士厘等人為主題，探討這些知識份子接觸西方的歷程。

這些人物的共通點是，不但和西方有實地接觸，而且還留有著作，可作為第一手的研究資料。此外，誠如作者所言，這些人絕大多數都是舊式士大夫，本來只想「施夷長技」，但感染越深，卻慢慢成為初步具有現代觀念的知識份子。但是每個人所面對的時代背景不同，侷限也不同，從這些人的際遇與作品，可以看到近代中國走向現代化時最艱苦的一段轉折。（徐淑卿）

《湖濱散記》（WALDEN） 梭羅（Thoreau）／著 孔繁雲／譯（志文）

美國著名文學家梭羅於1845年搬到華爾騰湖畔後，開始他的生活實驗。而《湖濱散記》，就是記錄他當時的生活狀況，以及對事物的省思，其中甚至含有中國的儒道哲學。《湖濱散記》呈現的是極簡生活的格調，因為梭羅認為人不能役於物，因此自立更生，用最簡單的物資來維持生活所需。

梭羅反對時尚和過度的舒適，他認為會使人耽溺於享受，而不自知地成為物慾的囚犯。即使是旅行，他也可以用雙腳代步，說走就走，更不擔心食衣住行種種的問題，省得還要計畫、賺錢，妨礙了心靈渴望的推動。

生命的覺醒必須發生在心靈活躍的人身上。梭羅在《湖濱散記》中的點點滴滴，就是不斷證明，當一個人可以體會大自然的恩惠時，也就可以無入而不自得，世事盡是享受。（Debby）

《大唐西域記校注》玄奘辯機／原著 季羨林等／校注 （中華書局）

移動來自召喚（calling），此所以宗教朝聖為旅行源始之一也。中國人往佛教誕生地天竺取經，公元五世紀東晉法顯和尚之後，代不乏人，如今最為人所知的卻是唐代玄奘法師的這本書，此固由於文獻飄零，除法顯《佛國記》，多已佚失，《佛國記》記載又較《大唐西域記》簡略故也，然幾百年來說部《西遊記》故事的奇幻渲染傳播之力，亦不可忽也。

此書除真實記載玄奘法師偷渡出關西行，經高昌、河闐、莎車……等西域諸國後，獨身穿越戈壁、大雪山，南向抵達印度的艱難旅程之外，更有大篇幅記載遊歷印度佛寺，與各地僧侶辯難討論佛學的狀況，並當地風俗人情，一一現諸筆下。以今日來看，可當遊記讀、可做宗教史料研究，更重要的意義卻是，一個人生死不懼的移動，對於不同文明交流所發揮的巨大作用。（林皎宏）

《革命前夕的摩托車之旅》（Latinoamericana：un diario per un viaggio in motocicletta） 切·格瓦拉（Ernesto Che Guevara）／著 梁永安、白裕承等／譯（大塊文化）

切·格瓦拉不但是拉丁美洲的英雄，也在全世界都是歷經彌新，永遠讓人懷念的人物：他出身上流社會，卻獻身古巴革命；革命成功之後身居高位，卻又重回玻利維亞的叢林裡投身游擊；然後有一天卡斯楚收到他被剁下的雙手，但死不見屍；然後1997年，歷經三十年之後他埋骨之所

終於再見天日。《革命前夕的摩托車之旅》是格瓦拉從1951年12月到1952年7月，歷經中南美五個國家的一趟旅行。當年他才二十四歲，一個富裕家庭的少年帶著熱情探索這個世界，一路記下他幽默、人道的觀察，以及旅程結束時心底點燃的火花：「我在這晚預見……我奮力而起，準備應戰，要讓我這區區之身，成為普羅階級的震天吶喊澎湃迴盪的聖域，他們高奏凱歌，洋溢著新活力及新希望。」寫格瓦拉的書太多，這本書讓我們從最近的距離和他一起呼吸。（傅凌）

《徐霞客遊記》徐霞客／著 （錦繡文化）

「循溪行山下，一帶峭壁巉崖，草木盤垂其上，內多海棠紫荊，映蔭溪色，香風來處，玉蘭芳草，處處不絕。已至一山隘，石壁直豎澗底，澗深流駛，旁無餘地。壁上鑿孔以行，孔中僅容半趾，逼身而過，神魂為動。自寒巖十五里，至榜頭，從小路向桃源。桃源在護國寺旁，寺已廢，土人茫無知者。隨雲峰莽行曲路中，日已墮，竟無宿處，乃復問至坪潭。」

聲音、光影、氣味，全都躍然紙上。這麼動人的遊記文字，是明代徐霞客（1586-1641）留給我們的。他從幼年就立下了旅遊的志趣，二十二歲開始逐步展開他的旅遊，前後走足三十四年，足跡遍及大江南北，不但留下傳誦後世的遊記，諸多考察還成為珍貴的地理資料。徐霞客的遊記份量很大，這裡推薦的是一個選注本。（傅凌）

《萬里任禪遊》（Zen and the Art of Motorcycle Maintenance）

羅勃·梅納德·波西格（Robert Maynard Pirsig）／著 譯者／李昆圳·羅若蘋 （時報）

這本書的英文原書名《禪與修護摩托車的藝術》，可能更有助於說明這本書的特色。

故事的主線，是作者波格西和他兒子克里斯，以及一對夫妻以一段十七天時間橫越半個北美洲大陸的過程，其中，作者不斷以摩托車這個交通工具的形貌、構成、作用，以及機件出了問題時的修護，來解構西方文明的觀念、知識、思考體系，進而反思各種在美國已經習以為常的價值觀。隨著作者的一路探尋，我們逐漸也進入他心靈之旅的深處，知道正是這個美國文化讓他曾經精神崩潰過，也跟著一路看到他最後和兒子的溝通，重新獲得心靈上的寧靜。本書在美國是在1974年出版，出書時固然因為60年代的嬉皮氣氛尚去不遠而風靡一時，更重要的是書裡的反思真正沉澱得下來，因而後來也有很長一段時間歷久不衰。（傅凌）

《光明之城》（The City Of Light）

雅各·德安科納（Jacob D'Ancona）／著 大衛·塞爾本（David Selbourne）／英譯 楊民、程鋼、劉國忠、程薇／譯（商務）

這份在七百年前所寫成的中國遊記手稿，到1997年才被由對猶太文獻有很大興趣的英國學者David Selbourne翻譯成英文。重點是遊記作者——猶太富商Jacob D'Ancona，比馬可波羅還要早四年抵達中國，但唯恐遊記被當時的宗教法庭所審判為異端邪說，於是便把它藏起來，由他的子孫一直流傳下來。在1270年D'Ancona 從意大利向東出發到中國，所謂「光明之城」就是被馬可波羅稱為當時世界上最大的港口之一——泉州刺桐。在他筆下泉州的市面顯得十分繁華，還記載有關火藥及紮腳的中國婦女的見聞，而「光明」則是指當地人民活躍的夜生活令刺桐像個不夜城。同時刺桐也匯集著有識之士，D'Ancona在那裡發表過很多宗教言論，以及如何和當時中國的敵人——蒙古人對抗的智慧，為他同時帶來掌聲及他恨，令他不得不離開中國返回意大利。在外國人眼中，古代中國總像個神秘的「Xanadu」（世外桃源），然而這個仙那度是否真的存在過？還是只一直存著在喜歡幻想的人的心裡？（楊心禾）

《極地》（The Endurance）

卡洛琳・雅麗珊德（Caroline Alexander）／著
游敏／譯 （大塊文化）

「對於我來說，旗幟永遠不能降下，努力也永遠沒有盡期。」英國極地探險家薛克頓（Earnest H. Shackleton）帶領27名人員登上「堅忍號」出發，計劃穿越南極洲，但是卻在途中受困浮冰而終至棄船。在他的帶領下，所有人員展開700天的冰原求生歷險，最後終於全員安然重回人類世界。

這本書，說的就是這一則故事。正如封面上的短文所述：「85年來，人們傳誦這個故事。因為這是人類與大自然的極地，絕望與堅毅的極地，挫敗與凱旋的極地。」本書還有隨隊攝影師在這趟旅程中拍攝的精采照片，透過鏡頭，一幕幕驚險過程，是如此栩栩如生的呈現。（莊琬華）

《單車日記》 夏目漱石／著 張秋明／譯 （一方）

日本文豪夏目漱石在倫敦留學後半期，罹患嚴重的神經衰弱，於是，某天他的房東太太「命令」他必須騎單車，認為如此會有助於改善他的狀況，因此夏目漱石就被迫開始一段大跌小跌難以數計的苦戰。從一開始選單車，第一次騎上車，就是一連串受傷的開始，有次還因為從山坡上滑下，衝到人行道上撞上牆壁，或者讓伴騎的人跌的東倒西歪，甚至最後還讓他覺得自己的猜疑心更加嚴重，臉色也愈加枯黃。在倫敦騎單車應該是悠閒舒適的活動，但是最後夏目漱石的結論卻是：「苦不堪言！」

而本書除了單車日記之外，尚有文章三篇，分別講述他在倫敦的生活、京都行旅以及在早稻田飼養文鳥的經驗。（莊琬華）

《旅途上》（On The Road）

傑克・凱魯亞克（Jack Kerouac）／著
（商務）

「你知不知道有一種鳥沒有腳的？他的一生只能在天上飛來飛去。一輩子只能落地一次，那就是他死亡的時候。」這是電影《阿飛正傳》裡張國榮的經典對白，也反映了5、60年代「Beat Generation」的心態。被稱為美國Beat Generation之父的Jack Kerouac，也是《On The Road》的作者，書中主人翁Sal Paradise就像是他的影子，他把自己和好友Neal Cassady的真實經歷帶進小說中。Sal被中產生活壓得透不過氣，渴望「西部牛仔」那種居無定所的生活，於是相約志同道合的朋友（Neal Cassady的投射）一起流浪。書中描寫了四次遊牧式的旅程——從新澤西州出發，搭著便車穿州過省最後輾轉到墨西哥，每段旅程都刻畫了幾個年輕人在友情和愛情上遇到的考驗，亦反映當時年輕人反對獨裁政治，對傳統觀念抱著蔑視存疑的態度。當年此書出版時被視為「次文化」的產物，如今卻被視為代表那個年代的經典之作。看完猶如公路般毫無止息的行文，你會感到甚麼叫做生命力。（楊心禾）

《阿拉斯加之死》（Into the Wild）

強・克拉庫爾（Jon Krakauer）／著 莊安祺／譯 （天下文化）

「1992年四月，一名出身美國東岸富裕家庭的年輕男子，一路搭便車到阿拉斯加，單獨步入麥金萊山北邊的曠野。四個月後，一群麋鹿獵人發現他腐爛的屍體。」作者是這麼開始介紹這本書的主角，「1990年夏，克里斯以優異的成績自艾默瑞大學畢業，此後家人就失去他的音訊。他改名換姓，把銀行帳戶中兩萬四千美元的存款悉數捐給慈善機構，放棄了車子和大部份財產，還把身邊的現金全都燒掉。此後他開始全新的生活，自處於社會邊緣，在北美大陸漂泊，追尋超越物質的原始經驗。他的家人完全不知道他的下落，也不知道他有什麼樣的遭遇，直到他的遺體出現在阿拉斯加。」

這是一本看了會讓你流淚的書——原因說不出來，一如克里斯不會解釋他為什麼要走上這條移動的路途。（傅凌）

《迷戀捷運》 楊子葆／著 （田園城市）

從1996年通車以來，捷運迅速的融入台北人的生活之中，距離有了新的定義，住在捷運站附近的人，瞬間時成了鄰居，而捷運也因此有了生命。

捷運工程師楊子葆，掩藏不住身為工程師的追根究柢精神，以及對捷運的迷戀，從一開始的「自然」收藏捷運，然後慢慢擴大收藏規模，卻又無法滿足於複製品，重新思考之後確定收藏目標的這些過程，感覺上像是反映著工程師的學思歷程。就像鎮日埋首在機械系統的乏味之中，抬頭突然發現了機械系統與人的互動、機械系統其實處在更複雜的社會系統之中，這樣的體會為工程學注入了新觀念。而捷運收藏跨越了不同領域、地域的藩籬，地理、文化、藝術……竟是這樣的豐富。這一切在此書中清楚呈現，又充滿趣味。（Elsie）

《地圖上的藍眼睛》 杜蘊慈、黃惠玲／著 （大塊文化）

平凡的上班族也可以展開傳奇的絲路之旅，杜蘊慈與黃惠玲這兩位台灣女子從北京開始，經過蒙古、俄羅斯、哈薩克、烏茲別克、吉爾吉斯、新疆，完成一環狀的路線，就是古老的絲綢之路。其中有些地方是人煙罕至的崇山峻嶺，甚至有國家完全沒有處理過台灣遊客申請的案例！

而兩位作者憑著生理與心理的韌性，走過長風浩浩的蒙古高原，行經像海一般的貝加爾湖，逃亡西伯利亞，閒晃莫斯科與聖彼得堡的雙城故事，航行伏爾加河，徒步翻越天山，遊歷讓人甘願用兩袋黃金換來一眼的希瓦，穿越烏茲別克的紅沙漠，探訪天馬的故鄉……在他們的文字與照片中，記錄了每一腳步的汗水與淚水，揭開了每一地區古往今來的神秘面紗。（莊琬華）

《小獵犬號航海記》（Voyage of the beagle）
達爾文（Charles Darwin）／著
（馬可孛羅）

一段五年的航海之旅，改變了「物種起源」之謎。1831年達爾文這個「不速之客」被船長邀請乘坐英國皇家海軍船艦「小獵犬號」進行科學考察之旅，於1835年抵達東太平洋上的加拉巴哥群島（Galapagos）。他騎在馬背上島上四處搜集有關動植物的數據，令他感到好奇的是島上有很多爬蟲類及鳥類，但哺乳類和昆蟲類則比較少，總總發現啓發他日後對生物演化的理論，終於在1859年出版《物種源始》一書。如果達爾文沒有踏上「小獵犬號」，他可能還會成為偉大的生物學家，「小獵犬號」則可能只是寂寂無聞的一條船，我們也不知在何時才認識「物競天擇、適者生存」這個物種起源，也是做人的道理。科學家的理性和客觀是一般人對他們的刻板印象，但愛因斯坦說：「Imagination is more important than knowledge. Knowledge is limited. Imagination encircles the world.」——蘋果放在睡公主和牛頓手上的後果截然不同，就在於有、還是沒有幻想的分別。（楊心禾）

《我的探險生涯》（Sven Hedin:MY LIFE AS AN EXPLORER）
斯文‧赫定（Sven Hedin）／著
李宛蓉／譯（馬可孛羅）

探險和人類移動的心念起始，有密不可分的關係。從十五世紀開始，西方往世界各地的探索，到接下來的殖民主義，以及全球擴張的帝國主義的發展，都和西方文化裡（尤其相對於中國文化）對探險的重視與肯定相伴相隨。

在十九世紀末，西方到中國來的探險家，或是以其他身分行探險之實的人甚多。其中，敦煌相關的發現，就是我們耳熟能詳的一個例子——只是其中他們的動機和行為，往往也混合了很多令我們複雜的情緒。因此，斯文赫定的故事，以及這本書，可以使讀者另有體會。這位從小就立定志向的瑞典先生，以他的知識、堅毅，以及寬厚的心胸，把人文精神充分體現在他來到中亞，以及中國的探險歷程中。他會成為「西域探險之父」所發現，真是不是偶然的。（傳凌）

《伊豆之旅》 川端康成／著
石榴紅文字工作坊／譯
（久大／萬象）

川端康成的成名作〈伊豆的舞孃〉是他旅居伊豆之時寫成，伊豆一地，因它的溫泉而享盛名，但是，在川端康成的眼裡，卻是一個寂寥的地方、沒有變動的環境，可是，卻又因為它的單純原始，豐富多樣的自然，而展現如豐腴女子婀娜多姿的魅力。

在伊豆期間，川端漫遊各處，不管是蓊鬱山林或者充滿歐洲風味的伊東海岸，穿梭在不同的溫泉地，參加奇異的祭典，遇見單純而坦然的居民，在本書所收集的文章中，他敏銳而溫和地描述這個地方的風土民情，卻也毫不留情地直書其他作家對伊豆的誤解。（莊琬華）

《憂鬱的熱帶》（Tristes tropiques）
李維史陀（Claude Levi-Strauss）／著
（聯經）

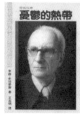

法國結構主義人類學大師李維史陀在寫作《憂鬱的熱帶》時，剛與法蘭西學派徹底決裂，所以他寫作這本書的動機不在獲取大學教授職位，因此全書既像人類學田野筆記，也像饒有趣味的探險遊記，比起他的其他學術鉅著，顯得通俗易懂許多，是一本難得的自傳體民族誌遊記。由於跳脫了學術論述的框架，他描述亞馬遜河流域、巴西高地森林的卡都衛歐、波洛洛、南比克瓦拉等幾個最原始部落的生活，就像我們身邊人物的故事一般自然且妙趣橫生。雖然李維史陀說他不敢為學術目的而發表此書，但是《憂鬱的熱帶》仍然概括了他最重要的三項研究：親屬理論、神話邏輯、初民思想的分類模式論。他透過觀察原始部落具體的社會現象，發現原始文化的符號體系運作，是全人類共有的、一致的，也就是李維史陀所強調的「原始社會代表的乃是整個人類社會的縮影」。作為理解李維史陀思想的入門階梯，這實在是最重要也是最好的一本書。（柳寧）

《理想的下午：關於旅行也關於晃蕩》
舒國治／著（遠流）

青壯時期實踐浪跡天涯的大移動，然而行萬里路、讀萬卷書之後的心血，僅得這本小書；書中所言所見，皆為作者歷數十年移動東西、往來南北之精華，始得一書，彌足珍貴。

關於旅行，台灣這幾年來談得太多，甚至已然有專業媒體為旅行提供更多元豐富的資訊、市面旅遊指南也是汗牛充棟；大眾趨之若鶩的洪流中，速食旅行指南無疑真是無能旅者在世界版塊上漂流的一根浮木。然而，作為旅遊本身此種移動樂趣和古典情懷，至此可說是蕩然無存，我們需要反璞歸真，重新思考究竟快速移動和慢速晃蕩之間，其中利弊得失如何衡量？

作者本身的經歷已經足以構成精彩豐富的旅遊手剳，古樸嚴謹的敘事筆法，更是箝制讀者的眼球移動速度，讓閱讀者跟隨作者緩慢愜意的腳步，安詳欣賞那個旅行尚且不甚發達、卻更為令人嚮往的年代。（沈心怡）

《旅行的藝術》（The Art of Travel）
艾倫‧狄波頓（Alain de Botton）／著
廖月娟／譯（先覺）

旅行，通常令人雀躍萬分，那代表著遠離平日熟悉的地方，抵達夢想渴望的奇妙地點，但是大部分的結果往往不能達到百分百的滿足，問題出在哪兒？艾倫‧狄波頓《旅行的藝術》提供了尋找解答的方式。在書中，他從旅行的第一個念頭開始解剖起來，細緻地爬梳旅行中隱藏的慾望和錯綜複雜的意念，反覆探尋旅人心中隱晦幽微的情緒，並且請出多位作家、藝術家、思想家導覽，透過他們看到的世界，體驗當下的旅程。

於是，從旅行的期待開始，踏上旅程中每一個環節，即使是行旅的過程，到目的地之後的行動，如何在原先印在書上宛如風景名信片的真實世界中找到旅行的樂趣，而即使不到外地旅行，他也指引了一趟精采豐富的「斗室之旅」。最終，艾倫狄波頓讓日常生活也彷如旅行般逸趣橫生。（莊琬華）

《風沙星辰》（Terre des Hommes）
安東尼·聖艾修伯里（Antoine de Saint-Exupery）／著
蘇白宇／譯（水牛）

現在的飛行，只有出發點與目的地，途中不管經過多久時間，都只是在設備舒適的機艙裡，幾乎無法感知外界的變化。但是，在聖艾休伯里的年代，飛行，是充滿危險與挑戰的生命冒險。在《風沙星辰》中，他寫下了飛越庇里牛斯山、安地斯山脈和撒哈拉沙漠的每一段旅程，其中亦包括1935年在利比亞沙漠墜機的事蹟。

在數千呎的高空中，聖艾修伯里獨自面對各種突發的狀況：暴風雨、混亂的氣流、閃電、雲霧中突然出現的山峰、懸崖、守衛山口的黑龍，迫降在冰天雪地的山間、在星塵降落的沙漠裡。在這些獨特的歷程中，他從不同的高度俯視人間，同時也讓他完全地接近自己，接近生命，接近這個世界。因此，書中每一篇敘述，航程中的冒險僅只是媒介，透過這些探索而明白的奧秘，才是了解永恆的關鍵。（莊琬華）

《百年遊記》林語堂、余秋雨、蔣勳等／著　林非／編選
（立緒文化）

數百年前，蘇東坡成赤壁賦，挾飛仙以遨遊，抱明月而長終；范仲淹有岳陽樓記，銜遠山，吞長江，浩浩湯湯，橫無際涯；歐陽修寫下醉翁亭記，讓山水之樂，得之心而寓之酒也。

近百年來，交通方式邁進，行旅範圍更不受限制，而以文人墨客之心，到訪各處，從其慧眼之觀，動筆成文描其所見述其所思。《百年遊記I,II》收錄近百年來自康有為起百位作者之行旅佳作，分為「島·城·大漠·藏地·天涯」和「山·水·樓·園」，有余秋雨寫陽關雪，有朱自清的秦淮河，有巴金的鳥的天堂，有隨地的布拉格，有羅智成的沙中之沙，有漢寶德的印度之行，也有簡媜不知名的國度……天地之大，瞬頃萬變，在這些文章中，卻得以凝聚永恆。（莊琬華）

關於移動的幻想

《環遊世界八十天》（Le Tour de Monde en 80 Jours）
朱勒·凡爾納（Jules Verne）／著
顏湘如／譯（台灣商務）

一個對生活要求精準到只因為僕人為他準備的刮鬍子用的水溫，不是華氏八十六度而是八十四度就要把他辭退的人，當然可以精確地預估從倫敦而蘇伊士而孟買、加爾各答，而香港、橫濱，而舊金山、紐約，再回到倫敦，只需要八十天的時間。於是這位富有的英國紳士拿出他家產的一半，兩萬英鎊當賭注，另外一半當旅費，開始了一段環遊世界的旅程。

凡爾納以十九世紀後半為時空背景的這部小說，傳神地描繪了「地球變小了」的世界。當然，我們也不得不讚嘆一位法國作家，怎麼能把英國人的神氣和特點寫到這個地步——尤其是看著匪徒和各種陰錯陽差的驚險插曲中，這位先生的那種氣定神閒。台灣商務的這個版本，有當時歷史背景的豐富插圖和照片，可以讓離那時西方社會比較遙遠的東方讀者再多一些了解。（傅凌）

《流浪者之歌》（Siddhartha）

赫爾曼·赫塞（Hermann Hesse）／著
徐進夫／譯（志文）

生命本身，像是一場哲學的辯論，也是一場無形的輪迴。

選擇了流浪，走出婆羅門的世界，西達塔知道自己若永遠生活在既定的規則裡，則他在成為眾人眼中榮耀的同時，也將成為自己眼中的平凡與無知！於是他堅毅的眼神，離開了家鄉的老父老母，步向沙瑪納的苦行者，修行、逃脫、沈溺、縱慾……豪賭——只想找到自己的原形，只想輸掉自己一身的罪惡。

曾經擺渡西達塔到慾望彼岸的「瓦樹地瓦」，在歲月的擺渡之後，再度擺渡著西達塔回到此岸，而被擺渡來去的面貌——富商、朝聖者、男女老少…都沈浸到了水底。河水懂於傾聽那面貌的來去，時間的順逆。西達塔在一生被擺渡的歲月之中，學會了凝視與傾聽，了悟了「尋找」的最終不過是河水那來去的幻影罷了。

「過去心不可得；現在心不可得；未來心不可得。」生命的本身，原是一場無形的輪迴。（李遠華）

《魯賓遜漂流記》（Robinson Crusoe）丹尼爾·狄福著（Daniel Defoe）／著
盧相如／譯（小知堂文化）

「世界對我來說相當遙遠，它跟我已經沒有什麼關係，我也不抱任何期望，沒有任何要求了。總之，我和這個世界已經沒有牽連，將來也不會再發生關係了。因此我對世界的看法，就如同我們離開人世後對世界的看法一樣：這是我曾居住過的地方。而且我也可以像亞伯拉罕對大衛那樣對它說：『你我之間隔著一道深淵。』」

如果你因為移動，而把自己帶到一個徹底的孤絕之中，到底會怎麼面對你的四周，你的過去，以及未來？丹尼爾·狄福的這部著作，之所以能成為經典，是因為他留給我們了永恆的恐懼（這是合理的）、疑惑（這也是合理的），甚至，永恆的嚮往——多麼不合理又有趣呀！所以，這本書是不需要介紹的，我們只能讀下去，讀進我們心底的一個最孤絕的角落。（傅凌）

《看不見的城市》(Invisible Cities)
伊塔羅・卡爾維諾（Italo Calvino）／著
王志弘／譯（時報）

征服了龐大城土的忽必烈，此時全神貫注的聽著威尼斯青年馬可波羅所經歷的城市。城市與記憶、與欲望、與符號、與眼睛、與名字……那連綿或隱匿的城市……

此時的他，似乎對這些城市很陌生，似乎不曾經歷過這些城市，他所知道的僅是在某處的敵軍潰散的，或敗亡了……而後假設性的以自己征服了那個敵軍潰散之處。然後，領土愈來愈龐大愈來愈龐大，他開始有一種虛無的失落感。他很想知道自己征服的是那些地域／地獄……而在那些城市的裡面有沒有住著另一個城市？那些城市是因著欲望而存在或是依附著符號而產生？在空間與時間交錯的流動之中，曾經經過的城市是否和現在的城市是同一個城市？「忽必烈抵達了最極端的軍事行動：確定不移的征服，相形之下，帝國各式各樣的寶藏，只是宛如幻影一般包被在外。這種征服被化約為棋盤上的一塊方格：空無……。」於是年老的忽必烈開始聽著威尼斯青年馬可波羅的故事……一段探險歷程裏造訪過的城市…。（李遠華）

《2001：太空漫遊》(2001：A Space Odyssey)
亞瑟・C・克拉克（Arthur C. Clarke）／著
郝明義／譯（台灣商務）

1969年，《2001：太空漫遊》的小說完成，那一年，是人類登陸月球的前一年。從此，這本書就成了經典，甚至後來真實世界裡人類在太空中的許多進程，都可以在這本書裡得到佐證。

因而，我們不能不對這本書裡所描繪的人類最後的移動心馳神往了：「原來被他框在心中的銀河，衝開了框架——星辰和星雲，以一種無法言說的速度，從他身邊流洩而去。隨著他像個影子般穿過一個個銀河的中心，魅影般的太陽紛紛炸開，又落在他的身後……星星逐漸稀疏，銀河耀目的光亮也暗淡下來，逐漸從他相逢過的燦爛光華，化為一種淡淡的魅光——但是將來等他準備好之後，會再度與那燦爛光華相逢。」這本書是和庫布利克的電影《2001：太空漫遊》一起進行並且完成的，所以看了書還要看電影，兩者有相輔相成的作用。（傅凌）

《哆啦A夢》 藤子・F・不二雄／著（青文）

在還沒有口袋怪獸、PS2之前，我們童年的記憶地圖幾乎由多啦A夢（以前可是叫做小叮噹）構成大半，故事劇情總是單純而美好，正如我們無憂的童年：懦弱而無用的大雄、愛欺侮人五音不全的技安、勢力眼的阿福、美好宛若每個人初戀情人的宜靜，事情總是那樣——大雄出錯而多啦A夢好心地拿出一堆道具，卻幫了倒忙或者被誤用……。

多啦A夢所有神奇的道具中最特別的，也是最常被使用的，莫過於竹蜻蜓、任意門與時光機，這三種法寶讓人可以自由地移動、穿梭在不同的時空之中，竹蜻蜓將活動的範圍從陸地延伸到天空，任意門改變了兩點之間最短的距離，而搭乘時光機可以在時間之流中旅行，甚至可以改變過去或者預知未來，實現了人類一直以來的夢想。無怪乎每個人從小就渴望自己也有神奇的多啦A夢！（erreur）

《奧德賽》(The Odyssey) 荷馬（Homer）／著
王煥生／譯（貓頭鷹）

Odyssey不單是一本文學著作，到現在已成為「長期冒險旅行」的代號，也成為NASA 新一代的火星探測船的名字——火星奧德賽號。這部希臘史詩《奧德賽》(Odyssey) 相傳為Homer之作，敘述的是英名將奧德賽歸在特洛伊戰爭結束後，回家途中十年的漂泊生活的故事，距今已經超過二千多年的歷史。奧德賽歷盡艱辛的流浪生活，是因為他觸怒了海神波西頓（Poseidon），他遇上了獨眼巨怪、食人族、魔女島及異界等等。飽嚐歷劫後，奧德賽最後回到妻子和兒子身邊，一家大團圓結局。為甚麼會有那麼多喜歡看「長期冒險旅行」文學作品？如朱光潛《悲劇心理學》所說：「通過讓人面對困難的任務而喚醒人們的價值感。」《奧德賽》的過程是悲劇，卻有個大團圓的喜劇結局，我們還是喜歡先苦後甜的滋味。（楊心禾）

《時間機器》(The Time Machine)
威爾斯（H.G.Wells）／著
蔡伸章／譯（新雨）

愛因斯坦的狹義相對論使未來之旅可能成真，但是想想「回到從前」是否同樣可行？英國作家威爾斯（H.G.Wells）的科幻作品《時間機器》，塑造了一位在時間中旅行的「時間旅客」，他藉由時光機器進入未來，到達紀元八十萬兩千七百年後，像是廢墟般的世界。

那個世界並不是文明極度發展後的天堂，相反的，卻是到處戲敗人類進化（退化）為半獸人的墮落世界，人性的特質早已失落，而回到吃人的時代。當他無意間再前進更遙遠的未來世紀，所面對的是如地獄般被遺棄的世界，所有生物消失殆盡。

文明的發展在他筆下並未朝向光明的未來，反而走向毀滅一途。在時光中移動，是威爾斯預示歷史衰微的人類災難的寓言，因此時間旅客未曾造訪「過往」，而在第二次時間之旅中失去蹤影。（莊琬華）

《Neuromancer》 William Gibson／著（Ace）

說到網路空間裡的移動，大概沒有任何一本書能比 William Gibson 的科幻小說《Neuromancer》呈現更豐富、詭譎的意象。這本 1984 年出版的作品是 Gibson 的第一本長篇小說，出版後即囊括當年的三項科幻文學大獎，並且開創出cyberpunk 這個描述未來黑暗世界的科幻流派。

在此書中，他把兩年前在短篇小說裡創造出的cyberspace 這個字及其概念，沿用成為主要的故事場景，結果出奇地成功，也預言了十多年後才開始到來的網路時代。主角 Case 是一個受僱於黑社會的「資料牛仔」，因為中飽私囊而被廢掉神經系統，也因此再也不能進入他魂縈夢繫的網路世界。直到一個神祕雇主出現，願意醫好他的身體，代價是再回到網路世界出一次任務。全書充滿了驚人的奇詭場景，一字一句都像是要擊打讀者的感官神經。它的喧鬧和飛快的節奏或許讓人覺得疲累，但卻準確地在虛構作品中抓住了高科技社會的神髓。（趙學信）

Part VII
移動的體會

漫遊者

以直立姿態兩腳交錯的走在大地的速度張望四下，
是可以讓我們看到最多，反應最全，想得最深刻的移動方式。

文／朱天心

nick 攝影

數年的一場座談會裡，主持人王德威頻頻追問那時我剛出版的新書《古都》中的城市漫遊意象。顯然我的誠實回答（我就是喜歡無目的的閒盪走路）不能令他滿意，他直問，那為什麼是走路，說說吧。

我不肯接受他滿含暗示的套招，好比輕易挪用班雅明寫波特萊爾的flâneur（或譯漫遊者、閒盪者、遊手好閒的人）來對號入座。

儘管那時我只讀過一些二三手援引班雅明flâneur論述的零星片斷、可我以為已經對準到驚人的地步，到我避免去找大陸已有的全譯本，隱隱害怕那份我最享有的自由自在會像蝴蝶一樣的被釘死在標本箱裡。

我沒有鬆口回應王德威，但「為什麼愛以閒盪漫步的方式來與城市相處」這問題，卻從此三不五時滋擾我一番，包括此稿約。

閒遊浪盪，包括方式、時間、和心神狀態。

浪盪的方式

方式？除了走路，還能有別種嗎？當然不會是不見天日的地鐵、同樣不見天的暗玻璃私家車、計程車、空調觀光巴士，也別告訴我風景點的人力車、馬車……。關於速度這一點，我完全迷信那則描述地球生物演化的譬喻，我們所熟知的機械複製時代大約出現在十二月三十一日晚上的倒數第幾分鐘（如果我們把地球的年紀定為太陽年的一歲的話），我們做為一個哺乳類靈長目人科人屬的所有官能配備大體完熟於漫長的第四紀更新世Pleistocene Epoch，也就是，以直立姿態兩腳交錯一步一步的走在大地的速度張望四下，是可以讓我們看到最多，反應最全，想得最深刻的

方式。

我習慣以我那Afar南猿露西老母親行走在她的東非一樣的節奏行走在屬於我的時代的「東非」，不論是我生活的城市或暫時駐足的他鄉城市，因此並不好奇追逐星羅散佈的那些碑啊塔啊、大教堂、古神廟、皇宮、古堡、樂園、獅身人面……。我喜歡偷看窄巷裡錯身而過的尋常人等，樂於發現不同種族不同膚貌身架皮毛下是同樣的人爸爸、人小孩、人市民；我喜歡指認出原只在書上見過的樹種花果，同時好欣慰不管哪裡的水、砂石分子結構都無異，強韌的野草不分緯度竟也長得一般；我喜歡坐在有名無名的咖啡館，桌上攤著一份前人遺下大多時是不認得的文字的當日報紙，無聲流動的街景很快使我凝神禪定，錯覺自己在日常的咖啡館工作；我喜歡有時讓自己天生的衛星天線定位系統失靈的任意迷走在那格狀的街道、放射狀的、環城同心圓的、迷宮的、死人活人共居的……從日出走到黑夜日行十數小時，為了印証除了在極圈，它們確實與我們同時同在一星球上，同受太陽月亮影響的牽動。

印証？是的，漸漸我發現，原來這等綿密細緩的閒盪，早不為尋求知識或發現世界大不同（那只消依照指南或導遊或在地友人帶領便輕易做得到，或乾脆不出門，找百科全書幫忙），於我，更在勤於發現相同。

但，「發現相同」是什麼意義呢？我猜、我擅自猜，那或許關乎到所謂的「共時性」、「只有在當很大一群人能夠將自己想成在過一種和另外一群人的生活相互平行的生活時——他們就算彼此從未謀面，但卻當然是沿著一個相同的軌跡前進的——只有在此時，這種新的、「共時性」的嶄新事物才有可能在歷史上出現。以印刷——資本主義為媒介，1500到1800年間在造船、航海、鐘錶製造術和地圖繪製法等領域逐漸累積的科技創新終於使得這種想像成為可能。……如今，人們可以完全知道他們和另外一群人擁有相同的語言和（不同程度的）相同的宗教……」——摘自《想像的同體》。

相同的語言，相同的宗教。是這樣吧，相同的水分子，相同的笑顏、的太陽月亮，於是千哩外的祕魯高地、阿根廷大草原或伊比利安半島、英格蘭，於我，不再是無法想像的事了。

至於到底我去過那些地方沒，或去了終至離去，都不過是「這個世界加上我再減去我」（卡爾維諾語），是一種我喜歡的缺席方式。

一切只因為掌握到了那最易被獵奇、征服所忽略的「相同」。

浪盪的時間

至於時間，這裡我捨歷史一詞不用，是避免又掉入碑啊塔啊教堂神廟的大歷史時間中，我喜歡的是如葛林在《哈瓦那特派員》中寫的「人口研究報告可以印出各種統計數值，計算城市人口，藉以描繪一個城市。但對城裡的每個人而言，一個城市不過是幾條巷道、幾間房子和幾個人的組合。沒有了這些，一個城市形同殞落，只剩下悲涼的記憶。」

我就習慣帶著（他人）個人的歷史時間來看眼前往往再平常不過的幾條街道、幾間房子幾個

身影，有時這「歷史」不過是一個童年、一場戀情、一段逆旅、一聲喟嘆、一幅好風好日的定格……。在巴黎，捨聖瑪德蓮教堂不去，在那佔兩個街廓呈L型半環繞教堂廣場的Fouchon閒逛，像要準備午茶或晚餐般的端詳挑揀店裡的新鮮熟食，料想普魯斯特日常這麼做過吧（他曾經的舊居就在商店街後）；在日本，想辦法追隨山田洋次系列電影《男人真命苦》中寅次郎浪遊的腳蹤，這個虛構人物所衍生的世界比任何的影像報導文學作品和甚至我已到了現場的實地實景都要真實，總讓我想起我在客家庄度過童年的六0年代，那時田園無損，人們善良，價值信念並未毀棄於地（或一切只是我涉世未深的童年觀察），我幾乎掉入懷舊陷阱的以為那是於今看來台灣最美好的一段時光。

來說點斯人斯地吧。

例如我從未厭倦仍勤於晃盪於今觀光化極了的淡水，例如我仍愛出沒那拆老屋速度與愛台灣高吭調門同比例的溫州街青田街金華街杭州南路潮州街……，前者我借了舞鶴悲傷異色優美搖晃的眼瞳，後者我擅自拉了舒國治作伴，以為我一向以來莫名難言的對那楓香掩映的黑瓦簷角、那夏日午後無人長巷的蟬聲鋼琴聲萬金油所匯集的聲音感覺氣味……的一望、的腦中一閃、的痴心忘情，實不獨我瘋，不獨我徒然無聊，不獨我這樣浪擲時間。

浪盪的心神狀態

說到這，已出邊出沿到我的第三個主題，漫遊的心神狀態。我以為，不瘋的人，不徒然無聊的人，不捨得浪擲時間的人，是沒資格「奢談」漫遊的。漫遊的人，別的不多，時間最多（或說他不想像別人那樣有目的有效率的使用時間）；漫遊的人，總是與他人逆向而行，無法與時人同調，是魯迅說的「獨異」，是班雅明說的文人與拾荒者，「兩者都是在城市居民酣沈睡鄉的時候孤寂地操著自己的行當，甚至兩者的姿勢都是一樣的……，詩人為尋覓詩韻的戰利品而漫遊城市的步伐，也必然是拾荒者在他的小路上不時停下，撿起偶遇的破爛的步伐。」

是故，漫遊者的漫遊早不自城市始，自己的城市、他人的城市，應該說，他的漫遊勾當早早自人生始，漫遊在社會秩序、生活作息軌道之外（他最是與失業流浪漢和退休老人同坐在公園長板凳上自在不過），他是精神漂泊甚至某種意義上的自我流放者。

然而這些漫遊者們於我們到底有何意義？成王敗寇（例如上好的文學藝術家們或拾荒者），毋寧說，他們彷彿一面矗立巨大的鏡牆，任何看來繁華之地皆被他立時還原做生命的曠野……，這，還不夠有意義嗎？

班雅明說，大城市並不在那些由它造就的人群中的人身上得到表現，相反，卻是在那些穿過城市，迷失在自己思緒中的人那裡被揭示出來。

（還是用了那麼多的班雅明！）

我們還需要再為城市漫遊這主題再多言嗎？老實說，它實在是眾漫遊者們最和平、最易解的舉措和演出了。　　　　　　　　■

本文作者為作家。

主動者

成長的軌跡，環境的體認，城市的印象，
就在各種交通工具、移動方式的轉換之間，
一一浮現。

文・圖／歐陽應霽

路過葉門大漠中的小鎮，小學校外牆有航天 "設備"。

其實我懶。

偶爾晨早跑步是爲了似是而非的強體瘦身原因，眞正上路鮮有徒步，交通都依賴工具。

渡船，火車，巴士，的士，飛機，地下鐵……不知從什麼時候開始，所有源源不絕的創作衝動意念靈感都寄托委身來自於這些交通工具，它動我也動，機器運行，本就是人賦予它的能量，人在其中，自然也精力充沛，上了車上了船上了飛機，有了對船長車長機師以及機器的信任，關係才正式開始，究竟這個關係是主動還是被動，看情況——其實也不怎麼重要。

船與海

每天都坐船，船浮在海上，搖搖晃晃的，感覺很好，然後發覺，腳踏實地的同時，需要有這麼一點經常的晃動去平衡，平衡不是靜止不動，鐘擺兩頭擺動，也就是平衡的好例子。

選擇了在跟都市有點距離的離島居住，把生活的重心稍稍移往偏隅，十年前一個決定也許是一時意氣，但日子過去就慢慢沉澱出一種必然。每天當船緩緩駛進熱鬧的海港，船艙窗外香港九龍半島天際線不顧美醜的一直變化。十年前，二十年前，三十年前，十歲的我有一段日子，每天下課後會乘渡海小輪，由深水埗碼頭乘船到上環碼頭，替父親把畫稿交到報館。我的驕傲是我可以比我的下課後必須回家的同學們幸福，大條道理有藉口獨自上路，那個年頭還沒有貫通港九的海底隧道，乘船是唯一選擇。

因此我便認識了維多利亞海港，認識了油麻地避風塘的歸航靠岸的漁船，認識了在西環碼頭一帶起落貨、來自五湖四海的貨船，認識了海港

中一個神秘的據說藏有軍火的屬於政府禁地的小島。當然還有那些停泊在海港中的大大小小的船舶寫著不同文字船尾掛著不同國旗的遠洋貨船——我沒有因此而打算長大做一個海員，但還是會被黃昏魔術時刻那種海天一色的說不出是紅是藍是灰是綠的環境氣氛迷住，也許當時認為最美的維多利亞港就在面前，其他什麼地方都不用去了。

然後有了各種交通工具的選擇，過海隧道巴士，地下鐵……因此渡海小輪碼頭一個一個的關閉，從這裡到那裡，大家還是會選擇最快的方法最短的時間。海港還是有風景，但已經沒有人在看這些風景了——除了訪港的遊客們還是會興高采烈的提著數碼攝影機在尖沙咀與中環來回往返的天星小輪上，把七分鐘航程遠鏡近景全紀錄，一般市民也只是心血來潮的開來過過癮，免得在忙亂的上班時間面對一群歡天喜地的遊客，徒生悶氣。

還記得某年一個炎熱的午後，十多歲的我在臨海舊居的窗前，幫父親把窗花重新上漆，當時停泊在海港中的豪華遊船伊利沙伯皇后號就在我面前起火，大火由午後燒到深宵，全船盡毀成一堆廢鐵，傾倒半沉。我在燒焦的空氣中把窗花一一漆好，父親還說我的手藝不錯，可以去當油漆工，面前的一場大火奇怪地像一場沒有什麼主角沒有什麼感情的電影。又過了十多年的一個狂風暴雨的七月一日凌晨，另一艘皇家遊艇載乘英國查理斯王子及末代港督彭定康一家幾口，緩緩的駛離維多利亞港。

火車與火車站

第一次長途火車之旅，竟然是從九龍紅磡車站北上，到湖南湘潭韶山毛澤東的故居參觀學習。

本文作者父親的繪圖

那是火紅的革命時代，作為初中學生的我不知怎的上了這班進步的列車，直抵革命聖地，實在學習了什麼早已忘得一乾二淨，只記得韶山地靈人傑，村前村後綠油油得刺眼，還有的是買了很多很多竹製的毛主席像章，革命原來是一種時髦流行。

數年之後大學一年級的火車經驗，是與初戀女友純情歐遊。抵達第一站倫敦，約好中學時代最疼我的老師在King's Cross St. Pancras古老火車大站等。從沒概念火車站可以有這麼大，也不曉得原來工業革命時期那些玻璃屋簷竟然越老越迷人，結果天黑了風猛了小女友急得快要哭了，我還呆呆地看著那進站離站的列車，和那些要不就是慢條斯理要不就是行色匆匆的旅客──之後的十數年間，不同的車站不同的月台不同的季節早晚，長程短程，我成為了當中的旅客，我還是把火車作為第一選擇。

印度的火車即使是頭等廂，坐進去馬上面壁，有如窄窄監獄，為了保安原因乘務員建議我們行車中把門鎖上；瑞士火車以準時見稱，我偏偏遇上十年難得一見的小火災；為了完成畢業論文，從九龍到北京車程三十小時，二等硬臥還下舖的同胞發狂抽煙；為了聽Am-track汽笛聲故意從紐約花了整整一天北上多倫多；上了夢中的子彈火車果然沉沉大睡錯過了在京都下車……為什麼是火車？為什麼鍾愛大大小小火車站？大抵是那行走中的鏗鏘節奏與心跳最合拍，大抵月台分秒上演的悲歡離合最是尋常生活滋味。

如今每回路經九龍半島尖沙咀天星碼頭，抬頭看那孤零零的鐘樓都覺得很可憐。曾經是火車總站整體建築的一部份，六十年代火車站拆遷後就遺下這最後地標。原址興建起的文化中心是香

電影感極強的紐約地下鐵月台通道，我不要當下一輪槍戰主角。

阿拉伯大漠中的一個汽車加油站──如果你上一站入了足夠汽油的話，你自然可以來光顧。

港最沒有文化的建築物，面向海港美景竟然沒有一扇窗──多情而又敏感的老香港，該在深宵無人時聽得見在此開行的古老火車汽笛的呼號。

巴士與的士

Bus叫做巴士，Taxi喚作的士，大抵這是很香港的發明。

從乘巴士到搭的士，是身份地位的轉換移動。學生時代整整十年每天擠一輛雙層巴士，十分英式的漆一個倫敦巴士的紅，一站一站停，半個小時或以上，到校門被吐出來的時候，原來熨貼的校服已經皺成一團。當年的單程車費是幾元

愛死火車站，常常發現叫不出名字和用途的玩意。

北京街頭的告示常常叫人觸目驚心，路人如我真要打醒十二分精神。

幾角早就忘掉了，倒是很記得有一次在巴士上面被集體洗劫——是三個持刀悍匪把半車人的錢包都拿走了，那個劫匪瞧不起我，把我乖乖交給他的零錢一手撥在地上，零星落索叮叮噹噹的，然後就跑掉了。

後來上班，辦公室都在山上，交通不怎麼方便（也是因為懶得走上坡路），很容易就染上了搭的士的壞習慣。能夠用錢買一時的速度和一個過渡的私人空間，好像很划算，有心情的話還可以跟的士司機聊天論政，不愁寂寞。

大二那年暑假，心血來潮要跑美國一趟，買了三個月的灰狗巴士證，就在巴士上待上整整三個月，穿州過省。從這個巴士型號跳到那個巴士

型號，讓窗外的其實差不多的大城小鎮風景流過，那是一次真正意義上的公路之旅。三更半夜停在某個加油補給站，走進洗手間方便時候，看見二十歲的自己面目全非，半頭白髮一條一條格外清楚，心滿意足的自覺長大了成熟了，很值得。

飛機與地下鐵

小時候有位遠房親戚在飛機的餐飲供應公司任職，所以偶爾會有一整份的飛機餐在我家餐桌上出現，這些應該沒有登上過飛機的食物和飲料，竟然也有一種飛機的氣味，看起來沒有什麼兩樣的奶油，麵包，甜品，就是味道不一樣，對於還未有機會坐上飛機的年少的我，吃進去的是一種會飛的驕傲。

第一次出遠門，一飛就飛到倫敦，一下機就轉乘地下鐵，倫敦的百年地鐵與當年嶄新先進的香港地下鐵，實在很難比較。如果告訴大家我偏愛倫敦地鐵車廂座位的絲絨質地蘇格蘭紋樣，恐怕會被人罵我不愛衛生，但其實我是忙亂得不可開交地看著車廂中進進出出的當地人外地人，種種膚色種種體態氣質，為什麼人會這麼好看？為什麼看人也會看得身心疲累？

總是準備了太多的書本雜誌CD唱片工作檔案資料要在長途飛行中看，聽和寫，實際上常常一睡就到了東京，再睡就到了紐約。我好福氣，不管在多少萬呎高空，要睡就睡，而且在飛機上也不怎麼做夢，鮮有九霄驚魂的災劫場面。唯一的問題是每次用餐的時候都會碰上強烈氣流，咖啡或茶都潑在身上，近來練就出一種上機前先吃飽的習慣，因此就可以很高貴的跟招呼你用餐的空服員說聲：'No, thank you!'

當出門長途短程行旅的次數越見頻繁，當坐

飛機和坐地下鐵的次數幾乎相若，我開始認識到所有交通工具原來都是一樣的，這一頭走進地鐵車廂那一端出來已經是走進機艙，像某頁漫畫像某齣動畫，看你有多少想像就有多少可能。相對於人在網絡上的移動，我倒是更樂意親自走出去。

走路與街巷

出門，就是為了要在不同的時空中感受比較我城他城的分別。人很容易習慣很容易麻木，不斷的參照較量，自家才能真正的定位。年少時候也許會一昧抱怨，為什麼我不是長在巴黎，住在威尼斯又或者紐約，最最看不起和忽視的常常就是生我育我的原來地方。後來年長了，到過的地方多了，雖然還是不改那種移動的興奮，但漸漸覺得自家香港也著實可以是個可愛的地方。最直接給我啟示，重新發現香港的有趣的，竟然是我的父親。

我的父親是個畫家，過去二三十年來他從未間斷的在街頭寫生，有是單人匹馬的，有是跟一群學生與畫友的，多達幾千張的速寫，都是用最樸素的手法，勾畫描繪香港九龍新界十八區的街頭巷尾庶民生活。對於父親來說，街頭寫生是他作為一個藝術愛好者真正接近生活的一個最直接的方法，除了用眼觀察用手描畫，很多時候更與街坊鄰里有說有笑打成一片，從中也以文字紀錄了許多街巷歷史傳奇。風吹雨打日曬雨淋，我是衷心的佩服父親這種幾十年不離不棄的生活習慣。我的身邊沒有人比他更有資格見証這都市的盛衰，沒有人比他更對這個地方更有感情，用最原始的邊走邊畫的移動方法，建構出值得他驕傲的一批創作，一整幅縱橫交錯的城市地圖。

因此我更相信，無論任何方便快捷的交通工具，都替代不了一個人親自用雙腳走上一段路，深入身邊環境細節，感受一下分析一下。當威尼斯在我面前像夢幻一樣浮起，我先乘船，慢慢的一站一站去靠岸，上岸走進那些三分鐘內就會迷路的小巷裡，然後再花三十分鐘兜兜轉轉走出來，這肯定是一個急促不得的地方，肯定當地居民也是在迷路過程當中長大的。相對於一國之都北京，那些方方正正有如豆腐的街道間格，本身就是一種磊落大氣，有一種結構上的霸氣優勢。你徒步胡同，安全的只要一直前行，就肯定會找到岔口出路。

貼身近距離走進城市走入生活，任何露天的傳統的菜市場批發市場都是摩肩接踵的場合。越來越覺得什麼博物館藝廊裡的回顧大展什麼音樂廳裡的演唱演奏，都可以缺席可以錯過，唯是每到一地必定要鑽一下這些濕濕滑滑的市場攤位，生鮮乾貨各自精彩，攤販嬸伯叫賣聲喧構成一個城市最基本最實際的所在，不容錯過。

沒有一個城市像完美的天上花園，所有城市都是時空破碎片段的混合，一如在城市與城市間移動的你我，如果努力要紀錄些什麼，不必驚訝，都將會是些斷章殘句。

後話

其實我有學過開車，唯是在考牌前一天的最後一次練習結束的時候，忽然覺得我應該對社會對大眾有點責任。因為以我這個一直在路上不停看人看花看狗的習慣，根本沒有辦法集中精神開車，一定會把人把花把狗都撞倒，所以我沒有去赴考，到如今一直被動的依附公共交通工具，其實，我是主動的。 ■

本文作者為作家。

異鄉者

移動一定是美好的嗎？
對於頻繁移動所造成的異質社會，台灣準備好了嗎？

文／胡晴舫

　　我向來不相信神話。任何事物抹上了神話色彩，無論那是人物、事件、物品、作品、或是概念，被推上了天，都值得懷疑。

　　關於旅行，關於移動，關於探索，台灣社會先是無知，好奇，然後，大量出發，紀錄，交換，評論，商品化，到現在的旅遊文化大爆炸，移動已然成為一種神話。任何跟移動有關的事情，總是浪漫，總是精緻，總是有趣，總是優優雅雅。旅遊經驗成為文化高度的計算方式，渡假成為知識充電的代名詞。走得越遠的人，比不上

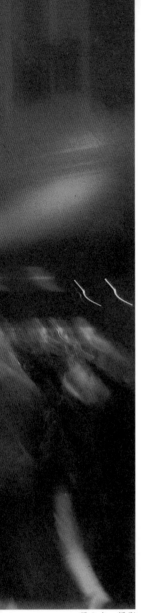

張立本 攝影

走得越多的人來得有吸引力；走得越多，又不如走得越久來得更叫人忌妒。

我們居住在一塊島嶼上。在我們的狹長陸地裡，無論走到哪裡，都有盡頭。

海洋保護了我們，也限制了我們。我們的視線因海洋拓展無限，也因海洋而受框限。望得再遠，都無法想像土地能就這麼無限制地延長下去。在我們的島嶼上，我們習慣了彼此：親愛也是彼此，爭吵也是彼此。不一樣的世界都在海洋的另一端，不在這裡。奇怪的風俗，他方的人種，不同的文化，等待我們去發現。我們必須去機場，飛出這塊島嶼的天空，才會遭遇。這種相遇是一場故意尋來的奇遇。只會增加刺激，豐富想像力，激發創造力，不是用來增加生活摩擦、引發意識形態的掙扎，或造成經濟資源的搶奪。

永康街的品味

那天，台北永康街一條幽靜巷子裡，我坐在一間新開張的咖啡店，皺著眉頭，喝我那杯兩百二十元的咖啡，盤算著口袋裡的荷包夠不夠付咖啡錢。整間店滿滿都是顧客，黑頭髮、黃皮膚，說中文，連桌上攤開的書籍也差不多品味。隔壁桌的客人在談論剛剛不幸去世的劉俠女士，她那失職的印尼女傭，接著，有個女人大聲宣稱如果讓菲律賓女傭帶孩子，她們會傳染愛滋病給孩子。真的真的，那個女人聲調堅定，情緒高亢。

我的朋友還沒有來。我環顧四週，突然意識到，我跟周圍環境多麼相像，而周圍環境又跟我多麼相仿。顏色、氣味、語言，過分地一致，過分地舒適，過分地和諧。我喝一口昂貴的咖啡，翻開報紙，瀏覽大大小小的標題。那些省籍衝突、文化正統的爭奪、似是而非的本土論戰，當下，在那個空間裡，都顯得是茶杯裡的風暴。

台灣本身是個移民社會。明末、清朝、民國，歷經幾次大規模的移民潮，可，究竟都還是漢族文化為主的移民潮流。有時候，我讀台灣歷史，無論著書者多麼努力要強調台灣族群組成多麼複雜，他們之間又多麼充滿不可化解的激烈衝突，台灣文化又怎麼像個洋蔥似地包含多種不同層次，我仍舊擺脫不了一種感覺：我其實不過在閱讀漢族文化的內部鬥爭史。台灣在談族群利益時，習慣將文化背景加入，使之成為貌似種族與種族之間、或文明與文明之間的衝突，而不是單純屬於一個社會內部的階級問題或社會議題。台灣人不知道，比較起新加坡人、印度人、南非人、羅馬尼亞人……，我們所謂的族群差異，簡直就是一隻螢火蟲的光亮和一支熊熊火炬之間的差別。中間只有早來者與晚來者的利益爭奪，沒有宗教、語言、膚色或出身的遼闊差距。

缺乏對「他者」的尊重與包容

台灣人認為的移動，還僅僅停留在休閒旅行的階段，停留在跟「成功人士」相掛的商品消費形象，未曾真正進入種族衝突與經濟鬥爭的階

段，不管我們多麼一廂情願地要拿西方文化理論來描繪我們的生活環境，我們之間沒有真正的「他者」。

我們出門，去觀察別人，學習別人；想辦法居留在他鄉，過起別人建立的生活方式；我們抗議的歧視與不平等，都還是針對十九世紀遺留下來的西方強權對抗東方主權國家的邏輯。我們想出去，拼命出去，頻繁出去，可是，我們自己的環境沒有其他人進來。我們的移民法規之嚴格，讓外國人即便與我們通婚也不能擁有永久居留權和工作權。唯一進到我們社會裡的人，是便宜的勞動者。他們數量不多，沉默，以短期契約方式停留，隨時可以被台灣社會資遣；他們沒有自己的社區，自己的商店，自己的學校，自己的宗教中心。他們的的社群活動在台灣社會圖像裡隱而不見，沒有一個像樣的領袖在台灣社會的領導界發聲。他們的移動在台灣只是船過春水，終究會了無痕跡。

這是可惜的，也是可怕的。可怕的是，對移動的單面理解，將會限制我們對世界的理解與判斷。可惜的是，身為台灣人，其實最有資格討論移動的意義。因為，移動，會混淆身分，改變身分；令人思考身分。而，身分，是目前台灣人最需要釐清的議題。可是，每當我閱讀台灣關於旅遊／世界的文字，我都會大吃一驚。那種屬於老殘遊記時代的觀點和寫法，那種停留在描寫感官經驗的直描文章，那種只專注自我情感投射而不管外在環境的移動方式，只不過讓我意識到台灣社會的富裕，不讓我見識到台灣社會的世故與文明。那些關於東京的迷戀，關於西西里島的紅酒，關於巴黎的咖啡麵包，關於歐洲的流浪之旅，都只教我頭痛。可是，你躲不掉。因為台灣

社會才開始旅行。這塊島嶼被戒嚴了那麼許久，我們剛剛學會探索世界。我們剛剛學會不為戰爭移民他鄉，不為生存出門賺錢，不為留學而長居其他城市。我們剛剛學會沒有特殊的目的去與人相處。

什麼對我們而言都是新鮮的。沒有誰可以責怪我們像劉姥姥進大觀園似地東張西望，大驚小怪，看了什麼都想買回家。這個舊世界，對我們而言，是個新世界。

沈重的移動

我們如此跑遍全世界去追求精緻的生命經驗，卻，忘了移動其實未必見得都是為了快感與享受。移動是經濟活動；移動是身分轉換；移動可以是痛苦而不祥的，移動可以是艱難而貧困的；移動不是旅遊，不是購物；移動是適應的能力，身體的考驗，心理素質的挑戰。全球化不是僅僅讓別人商品進來，也包括自己的商品要走出去；全球化不是你去跟國際公司做生意，也指涉讓別人進到你的市場做生意；你可以移民，別人也有進駐你家鄉的權利；你會為別人的種族歧視而難受，你對「他者」的態度也很有可能是同樣地傲慢而傷人。

米蘭昆德拉的一本小說書名為二十世紀後的人類生活下了最佳的註腳：「生活在他方」。移動，是當代人類免不了的宿命。全球化不是神話，旅行不只是一種生產童話故事的方式；「異鄉者」可能是一種關於流亡的文化調情，更是現實生活的一種真實磨難。這，是我在台北永康街喝了那一杯兩百二十元咖啡後的感受。　　■

本文作者為作家。

誰跟著我們移動？

即使是一個人上路，也別說自己孤獨……

文／李欣頻

自己帶著走：

我很自戀，但我不能帶著一整座湖水隨時看著自己的倒影，所以我帶一只在北京胡同買的小銅鏡，對著鏡中即將與情人碰面的自己，練習媚眼微笑。

神明帶著走：

舉頭三尺有神明，我們走到哪，就有眼線盯梢到哪，就像抬頭可見月，低頭可顧影般。別老抱怨為什麼每次做壞事都會被抓到，誰叫你隨身帶著護身符？

溫暖帶著走：

我的血液循環很差，我缺乏擁抱，我的手腳永遠是他媽的冰冷，所以我到藥局買了暖暖包，可以24小時恆溫不滅，情人總是沒辦法像它們那樣持久，於是我開始病態地依賴起暖暖包，日夜敷著我疼痛的腹部，暖著我漸凍的四肢，燙著我的心跳，燒起我的靈魂。

床帶著走：

一只睡袋，陪我從摩洛哥的撒哈拉沙漠、睡到西藏的青康藏高原，從北極圈的格陵蘭、睡到南美阿根廷的伊瓜蘇瀑布……，我的身體繞著地球到處睡，睡過了漠原、睡過了雪山、睡過了湖邊、睡過了冰川……但我很潔癖，我只和大自然睡，不和人睡。

顏色帶著走：

台北城很灰暗，末世的氣氛壓得人喘不過氣，所以我們決定以最鮮豔的顏色，抵制這種不可理喻的沉悶——戴上嗆色眼鏡，讓我們換一種桃紅色的鏡片看著城市男女，看透他們的出軌情慾，看穿她們的秘密緋聞；或是換上酷藍的眼光看天空，讓我們想像在地中海的藍天下享受悠閒的恩寵。總之，就是不要把世界看得太逼真，為了安全的理由，我們都需要戴上保護色，以維持與現實最超現實的距離。

電話帶著走：

我有手機，可以躲到廁所裡和你說情話或是說情報。我有手機，可以溜到茶水間聽你說天下事或是天曉得。我有手機，可以背著老婆打色

身體帶著走：

喜歡穿軍靴的女人，她不僅軍容煥發，美麗的身體曲線踢著威儀的正步，領受著一整條街男人的注目禮；喜歡穿裸露腳踝拖鞋的女子，她的移動性最高，因為她不必繁複地脫鞋綁鞋穿鞋，瞬間就能赤足地侵佔上你的床，宣誓著她唯一的主權。

情電話或是偷偷發淫蕩的簡訊給妳。只要有法，就想無法無天；只要在軌道上，就想出軌；只要出軌，就需要移動，因為出軌太需要躲避監視，需要偷情空間，需要秘密連繫，所以我們需要收訊最好的出軌專用手機，以確保我們的快樂不要建築在被發現的痛苦上。

愛情帶著走：

凡舉脖子上的吻痕、胸前的心形DNA項鍊、手指上的鑽戒、手臂上的誓言刺青、身上情人織的毛衣、皮夾裡的大頭貼……讓你無論在哪裡，情人都如影隨形，即使不幸在戰爭中被俘虜，你都可以向敵軍證明，你不是愛情的孤魂野鬼，絕對會有人來認屍。

音樂帶著走：

單身主義者，討厭小孩；失戀的怨女，害怕愛情；憤世嫉俗的人，不

滿挫敗……所以我們需要隨身聽，把自己從這些令人厭煩的世界中隔離：我聽舒伯特，我聽瑪丹娜，我聽大悲咒，所有的吵鬧、情話、尖酸刻薄、SARS咳嗽，我都充耳不聞，我已經出神到了異度空間。

房間帶著走：

我們的愛不見容於世，所以我們都窩在貼黑色隔熱紙的房車裡，有音響，有飲料，有迷你電視，有按摩椅墊，有冷暖器，有毛毯，有抱枕，有玩偶，有防曬乳液和浴巾……我們把臥房開上路，我們的視窗

一直變換風景、氣候、建築和過路的人。管他的物換星移，我們在裡面專心地互相撫摸就好，有著被偷窺的刺激感，很像在大街上做愛，但警察無法舉發我們妨礙風化，頂多就是一張綠燈不行或是紅燈蛇行的違規單而已。

香味帶著走：

妳帶著白麝香的氣味上街，讓男人本能地尾隨著妳，猴急地等待交配。

生意帶著走：

韓國導演金基德的《壞痞子》裡，她的男人幫她佈置好一個寬敞的後車空間，他載她到哪，就賣身到哪，錢也跟著收到哪。

台北有品味的攤販，把仿冒提包和廉價首飾都擺設在後車箱，停在南京東路巷口，展售這些百貨公司專櫃一折貨──他們需要躲警察，一有風聲就速速蓋上車蓋、加足油門，躲罰單終於不必躲得這麼倉皇狼狽。

秘密帶著走：

我乾爹乾妹的人際關係、我一屁股的債務明細、我遺產的分配遺囑、

時間帶著走：

我正在一分一秒步向死亡，忘了已經經過多少時間，還剩多少時間，所以我去買一隻錶。我究竟要買一隻數十萬的精準名錶，還是夜市數十元但會越走越慢然後停止的電子錶？

我的八字命盤星相圖、我的相親失敗日記、我剛下載的金庸小說、我下一期要簽的樂透彩號碼……所有的家醜或個人輝煌史都在我的PDA裡，隨著我跳槽、逃亡或失蹤。

未來帶著走：
我需要跑路，請給我一張台北飛菲律賓的單程機票。

城市帶著走：

讓我們想像這樣的一個城市：所有的建築都在移動，地表有些地方像是迴轉舞臺，有些則像是軌道。我們要去郵局辦事，得先在內建雷達的筆記型電腦中，找到郵局目前的所在位置、以及它的移動方向，像是在預測颱風路徑，運算好自己與郵局的互動速度，如此才能在下一個路口，成功地攔截到郵局的大門，順利寄出一件包裹。

包裹到了郵差手上。他必須在網路中，找到他欲投遞的收件人最新行蹤，他必須事先閱讀很多關於這位收件人的身家資料，包括她常去的餐廳、她定期光顧的店、她的私人網頁、她的行程、她正在讀的書、她即將發生的戀情、以及她的情緒。如果郵差讀不透收件人的心思，進入她的靈魂、以她的眼光走著她的生活路徑，他就無法順利地將包裹交到她手上。

如此一座好動的城市，我們得一邊讀著正在變動的城市地圖、認著飛舞的招牌與路標，一邊躲避迎面而來的警局、法院、監獄，一邊追著書店中急馳的知識。書店跑得很快，是因為裡面有幾個很心急的創作者，帶著想像力、以夢的速度往前衝，而且飛得老遠，常超出地球軌道；如果你不想跟著團團轉，就算平日走在街上買菜，也很有可能撞到一本書，那是從書店的離心力飛出來的，一本關於飛行的小說，這就是生活在高速知識城市中的離合效應：無論你在多邊陲，終有一日會轉到地球的中心，所以很難不與別人的思想擦撞──等靈魂碰裂的傷口癒合，就能長出新的表皮組織，他人與自己溶血新生，我們就越來越能知道別人的心思，別人也懂得憐惜著我們的弱處，人類的和平才開始。

一個年輕總裁在移動時速130公里的辦公室中，努力抓取跑得更快的流行資訊，他想以更有效率的行動力，追回更多時間。一個行動不便的老人，選擇坐在客廳窗邊，一動也不動，因為人間事物在他眼前衝動地消逝，讓他喘不過氣來：一棟新大樓在他眼前蓋好、然後飛速地離開他的視線再也不回來：一座鐘塔從他眼角邊以拋物線的方式溜走：立法院的位置被新鮮肉攤取代：學校的原址現在成了一座賭場……相對地，老人的靜止不動似乎可以中止時間向他催老。閉目養神之後，他低頭緩慢地翻著、那一整套已經讀了幾十年的《追憶似水年華》。

所以一台時間倒流的筆記型電腦，變得很受歡迎。根據這台電腦，人一出生，就是87歲的老年、然後49歲的中年、然後23歲的青年、然後5歲的童年、8個月大的嬰兒；我們都是先失去家人、才與家人團聚、最後才回到母親的胎腹中──誓言總是先被遺忘、被背叛、之後才從情人的口中剛剛說出來；我們都是先衰老然後年輕；我們都是在醫院臨終病床上誕生、聽神父念禱文、聽法師念度亡經、然後康復、開始在老年的輪椅上讀生死書、在退休的搖椅上讀回憶史、在辦公皮椅中讀勵志理財書、在捷運上讀羅曼史、在教室裡背教科書、在兒童閱覽室中念著第一本童話、躺在嬰兒床上聽媽媽的枕邊故事……越小的孩子越有想像力，越有智慧，越有體力，越有勇氣，一如我們會向西藏的轉世神童伏地頂禮一般，我們正透過一種不可思議的時間流，閱讀著這座移動不止的奇幻城市。　■

本文作者為作家。

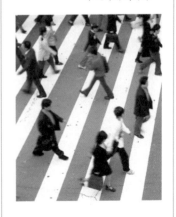

雖動常寂，故曰無爲。雖寂常動，故無不爲也。
——元康《肇論疏》